内部統制の
責任と現状

日本取締役協会 編

税務経理協会

まえがき

　近年，企業の不祥事が社会問題化し，それを契機として内部統制の法制化がはかられてきました。

　米国においては，エンロンやワールドコムの事件をきっかけとして，ＳＯＸ法（サーベンス＝オクスリー法）が制定され，その404条に基づく内部統制報告制度が開始されました。また，日本においても，西武鉄道等の有価証券報告書の不実開示を端緒として，金融商品取引法のもとで2008年４月１日以降に開始する事業年度から内部統制報告制度が施行されることとなりました。

　一方，やや旧聞に属しますが，大和銀行事件等の判決を受けて高まった経営者の内部統制構築責任の議論は，会社法において，大会社及び委員会設置会社に内部統制システムに関する事項の取締役会決定を義務づけるに至っています。このように，企業社会では，内部統制に関する関心が飛躍的に高まるとともに，内部統制の整備が喫緊の課題と認識されています。

　日本取締役協会は，グローバルな事業経営にとって必須のコーポレートガバナンスの普及・定着と日本企業の企業価値向上を目標として，経営者や取締役などの経営に携わる会員が集まり，自己啓発と相互研鑽により活動を行っています。同協会では，その活動の一環として，2006年５月より，内部統制研究会を設置し，活動を行ってきました。

　内部統制研究会は，委員会等設置会社（当時）の監査委員会監査と内部監査についての実践的な研究を行った「監査研究会」を母体としています。同研究会では，2006年５月に，研究会での議論を集大成して『監査委員会ガイドブック』を出版しました。内部統制研究会は，監査研究会を母体としつつも，テーマを現在，企業にとって喫緊の課題である内部統制に絞って検討を進めることとしたのです。毎回の研究会では，各企業がすでに持っている内部統制の仕組みを再整備し，変化する社会情勢に対応し，各種の法的・社会的要請に応えうるような体制構築をどのように行うか，さらにはそのシステムを有効なものとするための実践的な手法等について議論を重ねてきました。

内部統制といいますと，企業はどちらかといえば受身で，コストや作業量の多さなどのネガティブな声ばかりが聞こえてきますが，本来は経営者が企業運営の効率化のため，また企業価値向上のために，積極的に活用すべきものではないかと考えています。私たちは，研究会での議論を踏まえ，少しでも今後の内部統制の整備に資することはできないかと考え，本書を企画しました。

　本書を作成するに当たっては，ワーキング・グループを編成し，参加メンバー各社の実態等の生の声を聞くとともに，法律的側面や会計的側面についての掘り下げを行いました。ワーキング・グループでは，鳥飼総合法律事務所代表の鳥飼重和氏と青山学院大学大学院会計プロフェッション研究科教授の町田祥弘氏を共同座長として，後述の弁護士及び企業実務メンバーが，日常の業務を抱える傍ら，精力的な活動を行い，本書を完成させました。

　本書は，以下の全5章から構成されております。
　第1章－内部統制にかかる法的責任と企業の対応
　第2章－内部統制の枠組み
　第3章－会社法が求める内部統制
　第4章－金融商品取引法が求める内部統制
　第5章－内部統制対応の現状と課題

　これらの内容が，広範にわたる内部統制の課題のすべてを扱っているとは到底，考えておりません。しかしながら，内部統制にかかる法的責任や企業の現状については，一定の議論の材料を提供できるものと考えております。

　本書の内容が内部統制に強い関心をお持ちの読者の皆様に少しでもお役に立つことができれば大変幸せに思います。

　最後に，本書の出版に際しましては，株式会社税務経理協会 書籍企画部部長 峯村英治氏にご尽力いただきました。ここに心から感謝申し上げます。

2008年2月

日本取締役協会 内部統制研究会 座長
コニカミノルタホールディングス株式会社 特別顧問
植 松 富 司

目　　次

まえがき
執筆者一覧

第1章　内部統制にかかる法的責任と企業の対応 ………… 1
1　はじめに………………………………………………………… 1
2　2つの内部統制制度………………………………………… 3
3　企業の対応……………………………………………………… 8

第2章　内部統制の枠組み……………………………………… 11
1　内部統制の歴史－米国における内部統制の発展－…………… 11
　1　2002年SOX法に至るまでの内部統制に関する法制度の発展……………………………………………………… 11
　2　2002年SOX法（サーベンス＝オクスリー法）……………… 16
2　内部統制のフレームワーク……………………………………… 19
　1　内部統制のフレームワーク……………………………………… 19
　2　COSOの内部統制フレームワークとその後の展開……………… 19
　3　日本における内部統制フレームワーク………………………… 27
　4　COSO以外の内部統制フレームワーク………………………… 33
　5　内部統制フレームワークが担う役割…………………………… 46
3　内部統制と他の概念との関係…………………………………… 47
　1　内部統制の概念…………………………………………………… 47
　2　内部統制と他の概念との関係…………………………………… 51
4　法令上の内部統制………………………………………………… 56
　1　会社法上の内部統制……………………………………………… 56
　2　金融商品取引法の内部統制……………………………………… 58

第3章　会社法が求める内部統制……………………61

1. 商法上の内部統制構築義務……………………61
    1. 大和銀行事件……………………61
    2. 大和銀行事件の評価（経営判断の原則と信頼の原則）……………62
    3. 委員会等設置会社における内部統制システム構築義務……………64
2. 会社法上の内部統制構築義務……………………66
    1. 監査役設置会社における内部統制システムの構成要素……………67
    2. 委員会設置会社における内部統制システムの構成要素……………68
    3. 内部統制システムの決定義務……………………69
    4. 内部統制システムの開示義務……………………70
    5. 内部統制システムの各要素の決定内容……………71
    6. 委員会設置会社における各要素の決定内容……………80
    7. 内部統制システムの基本方針を決定することによる効果……………81

第4章　金融商品取引法が求める内部統制……………83

1. 従来の内部統制に関する制度の概要……………83
    1. 旧証券取引法に基づく制度……………83
    2. 取引所の自主規制に基づく制度……………86
    3. 金融庁の監督に関する制度……………89
2. 金融商品取引法の制度概要……………90
    1. 金融商品取引法で内部統制報告制度が導入された背景……………90
    2. 内部統制報告制度の位置づけ……………91
    3. 内部統制報告書の提出者の範囲……………92
    4. 内部統制報告書における評価の対象……………93
    5. 財務報告に係る内部統制の評価……………95
    6. 内部統制報告書の作成……………106
    7. 内部統制報告の監査……………112

8　内部統制報告書の虚偽記載等に関する法的責任 ……………118

第5章　内部統制対応の現状と課題 ……………………………125
　1　2つの内部統制制度への対応 …………………………………125
　2　会社法対応を中心とした内部統制対応 ………………………129
　　1　取締役，監査役，監査委員及び監査委員会の体制 ………129
　　2　内部監査部門の体制 …………………………………………135
　　3　内部統制を統括する部門（内部統制統括部門）……………137
　　4　会社法への対応 ………………………………………………140
　　5　統制環境の整備状況 …………………………………………142
　3　内部統制報告制度に向けた準備状況 …………………………147
　　1　内部統制報告制度に向けた準備の進捗状況 ………………147
　　2　内部統制報告制度の各項目に対する準備状況 ……………159
　4　むすびにかえて－適切な内部統制対応の実現に向けて ……181

索　　引 ……………………………………………………………183

執筆者一覧

<ワーキング・グループ座長>

鳥飼　重和　（鳥飼総合法律事務所　代表）（第1章）
町田　祥弘　（青山学院大学大学院会計プロフェッション研究科　教授）（第1章・第5章）

<メンバー>

遠藤　元一　（東京霞ヶ関法律事務所　弁護士）（第2章2）
吉田　良夫　（鳥飼総合法律事務所　パートナー弁護士）（第3章・第4章2）
青戸　理成　（鳥飼総合法律事務所　弁護士）（第2章3・4）
石井　亮　（鳥飼総合法律事務所　弁護士）（第4章2）
福崎　剛志　（鳥飼総合法律事務所　弁護士）（第3章）
仁平　隆文　（西村あさひ法律事務所　弁護士）（第4章1）
藤井康次郎　（西村あさひ法律事務所　弁護士）（第2章1）

伊藤慎一郎　（株式会社アマナ　内部監査室長）（第2章・第4章）
足立　憲昭　（イオン株式会社　内部統制構築プロジェクトチームリーダー）（第2章・第4章）
影浦　智子　（オリックス株式会社　法務部　会社法務チーム課長）（第2章・第4章）
松澤　文明　（株式会社キッツ　内部統制推進室　室長）（第2章）
高橋　正行　（キリンホールディングス株式会社　内部統制整備プロジェクト　主幹）（第2章）
石原　和喜　（コニカミノルタホールディングス株式会社　法務総務部　係長）（第2章）
小久保一成　（株式会社ディスコ　経営企画本部財務・経営サービスグループ経営支援チーム）（第3章）
伊藤　嘉男　（日立キャピタル株式会社　法務部　主幹）（第3章）
竹市　稔　（富士火災海上保険株式会社　監査部）（第4章）
渡辺　浩之　（株式会社りそなホールディングス　グループ戦略部　グループリーダー）（第5章）

※　敬称略・所属機関の五十音順。なお，役職・所属は2008年1月10日現在

第1章　内部統制にかかる法的責任と企業の対応

1　はじめに

　いま，企業の実務において，喫緊の課題となっているのは，内部統制報告制度への対応問題であろう。金融商品取引法の下で，2008年4月1日以降に開始する事業年度から実施される内部統制報告制度に向けて，ほとんどの上場企業が内部統制の構築に努めている最中にあると思われる。

　振り返れば，2006年度には，会社法の下で，内部統制に係る取締役会決定が求められ，さらに2007年度からは，事業報告に含まれた内部統制についての決定に対して，監査役の監査が求められている。このように，日本では，この数年のうちに，急速に内部統制に係る法整備を進めてきたといえるであろう。

　では，なぜ，いま内部統制なのであろうか。

　日本でも米国でも，従来，大企業は，会社全体についても財務報告についても，広い意味での内部統制は実施していた。すなわち，大企業の経営者は，企業価値を向上させ，その価値を毀損しないために，自主的に経営管理ないし法令遵守・リスク管理等の組織体制を整備していた。その結果，多くの大企業では，経営効率が向上し，不祥事を防止することができ，企業価値を向上させてきたものと考えられる。

　ところが，近年，米国でエンロン，ワールドコムを代表例とする経営トップが関与した会計不祥事が頻発し，資本市場の信頼を大きく毀損する事態となった。同様に日本でも，西武鉄道，カネボウ等の有価証券報告書虚記虚偽等の不

祥事が多発したため，投資市場の信頼が損なわれる事態が生じたのである。

　このような企業不祥事は，企業価値の向上を妨げ，当該企業の株主等の利害関係者に損害を与えるものであり，同時に，資本市場の機能を損なうことにつながりかねない。そこで，経営者に，会社における真の競争力による企業価値の向上，あるいは，財務報告の信頼性確保に関わる経営者の役割の重要性について，法制度を通じて自覚を促す必要が生じたと考えられる。このような背景の下で，会社の利害関係者ないし株主・投資家の保護を図るため，会社法及び金融商品取引法の両法の規律によって，有効な内部統制の整備・運用を図ることになったのである。

　ただし，このような2つの法律による規律が置かれたからといって，内部統制の本来のあり方を忘れてはならない。本来の内部統制とは，「経営者の自覚」に基礎を置いて，経営者が「主体的」に取り組むべき，経営の最重要・最優先的課題でなければならない。なぜなら，内部統制は，株主を含む利害関係者との社会的関係を重視しつつ，長期的視野に立って企業価値を向上し，会社の存続と発展を意図する持続的経営活動そのものだからであり，それはとりもなおさず，経営者の本来の役割だからである。

　以上のように，内部統制は，本来，経営者の自覚に基礎を置き，経営者が主体的に取り組むべきものである。しかしながら，実際には，経営者はこのような自覚を持たない場合もあるため，2つの法律はそれぞれの立場から，経営者に対し，法執行の実効性を高めるために，重い法的責任を負わせる方向性を持つことになる。したがって，ある意味では，内部統制については次のように言うことができるであろう。

　「経営者が主体的に，それゆえに，熱意を持って，会社に相応しい内部統制システムを構築・運用すれば，それは経営者に法的責任のないことを保証する，経営者に安全と安心をもたらす保険ないし弁護機能を持つシステムとなる。それとは反対に，経営者が法律の規律ゆえに，他人ごとのように，おざなりに内部統制システムを構築・運用すれば，それは経営者の法的責任を根拠づける，経営者に危険と不安をもたらす強力な検察機能を持つシステム

となる。」

　経営者は，2つの法律のもとでの内部統制の構築にとり組む前に，自らがそのことを認識しているか否かにかかわらず，安全と安心をもたらす保険ないし弁護システムを選択するのか，危険と不安をもたらす強力な検察システムを選択するのか，についての選択を迫られていると思われるのである。

② 2つの内部統制制度

　先に述べたように，日本の内部統制を規定した法律には，会社法と金融商品取引法の2つがある。

　会社法では，「取締役の職務の執行が法令及び定款に適合することを確保するための体制その他株式会社の業務の適正を確保するために必要なものとして法務省令で定める体制」を整えることが規定されている（会社法362条4項6号）。つまり，内部統制のために企業で体制整備を進めなければならないというのである。さらに，業務の適正を確保する体制として，情報の保存やリスク管理に関する事項等が定められている他，監査役設置会社に関しては，4項目からなる決定すべき事項を規定しているのである（会社法施行規則100条）。これらを簡潔に整理すれば，次の表のとおりである。

会社法362条4項6号	取締役の職務執行のコンプライアンス体制
会社法施行規則100条	業務の適正を確保するための体制【5項目】 ・　取締役の職務の執行に係る情報の保存及び管理に関する体制 ・　リスク管理に関する規程その他の体制 ・　取締役の職務の執行の効率性を確保する体制 ・　使用人の職務の執行のコンプライアンス体制 ・　企業集団における業務の適正を確保するための体制
	監査役設置会社に求められる体制【4項目】

　なお，これら10項目からなる事項は，決定した内容を事業報告において開示し，監査役が監査しなければならないとも規定されている。

一方，金融商品取引法では，上場企業に対して，「事業年度ごとに，当該会社の属する企業集団及び当該会社に係る財務計算に関する書類その他の情報の適正性を確保するために必要なものとして内閣府令で定めるところにより評価した報告書（以下「内部統制報告書」という。）を有価証券報告書と併せて内閣総理大臣に提出しなければならない」と規定し（金融商品取引法24条の4の4），「内部統制報告書には，その者と特別の利害関係のない公認会計士又は監査法人の監査証明を受けなければならない」として，内部統制報告及び監査の実施を求めているのである（金融商品取引法193条の2第2項）。

金融商品取引法においては，具体的な内部統制報告規定は示されていないが，同法の枠組みにおいては，次表に示すような各種の規則や意見書が公表されてきている。

国　　　　会	金融商品取引法24条4の4〜24条4の6等
内　　　　閣	金融商品取引法施行令後4条の2の7及び36条
金　融　庁	「財務計算に関する書類その他の情報の適正性を確保するための体制に関する内閣府令」
	「『財務計算に関する書類その他の情報の適正性を確保するための体制に関する内閣府令』の取扱いに関する留意事項について（内部統制府令ガイドライン）」
	「内部統制報告制度に関するＱ＆Ａ」
企業会計審議会	「財務報告に係る内部統制の評価及び監査の基準並びに財務報告に係る内部統制の評価及び監査に関する実施基準の設定について（意見書）」
日本公認会計士協会 監査・保証実務委員会	「財務報告に係る内部統制の監査に関する実務上の取扱い」

これらのうち，内部統制報告制度において中心的な役割を果たすのは，企業会計審議会の意見書である。内閣府令は，主に，内部統制報告の形式要件を定めたものであるし，ガイドラインやＱ＆Ａは，意見書についての考え方を行政の立場から明らかにしたものである。また，公認会計士協会の実務上の取扱いは，意見書のうち，監査の部分に関する実質的な実務指針として位置づけられ

るからである。

　以上のような2つの内部統制に関する制度的枠組みは、必ずしも関連をもつことなく整備されてきたものである。したがって、両制度の規制を受ける企業、すなわち大会社かつ上場企業においては、会社法で規定する内部統制対応と、金融商品取引法で規定する内部統制報告制度への対応を別々に実施しているケースも少なくないように見受けられる。

　しかしながら、当然のように、1つの企業に2つの内部統制があるわけではない。企業における内部統制は、経営者の下で構築される、業務と一体となったプロセスに他ならないからである。

　会社法は、内部統制のうちの上部構造だけを規定したものと捉えることができる。取締役会で自社の内部統制について決定し、監査役はそれが実際に行われているかどうかを監視することを定めたものである。意見書では、「内部統制の基本的枠組み」として、内部統制とはいかなるものかを概念整理しているが、その用語にしたがえば、会社法の内部統制は、「統制環境」を中心に、全社的な内部統制について規定したものと捉えることができるであろう。

　一方、金融商品取引法の下での内部統制報告制度では、評価対象を財務報告の信頼性を確保する目的で構築される内部統制に絞りつつ、全社的な内部統制だけではなく業務プロセスにかかる内部統制についても評価対象としている点で、会社法よりも業務の深いレベルまでを対象としているといえるであろう。

　このように、会社法と金融商品取引法は、それぞれの法律の目的とするところにしたがって、内部統制のうち、一定の範囲を規制対象としていると考えられる。それゆえに、企業においては、2つの内部統制制度への対応を別々に行うのではなく、内部統制構築責任を有する経営者の下で、両者を包括的に取り扱うことが望ましいように思われるのである。

　ここで問題となるのは、2つの内部統制制度の異同や関連性であろう。この点については、これまで、必ずしも十分に整理されてきていなかったように思われる。そこで本書では、2つの内部統制報告制度の概要を整理した上で、それぞれにいかなる法的責任が求められているのかを検討している。

詳細については，次章以降に譲るが，2つの制度の下での法的責任に関して，以下，簡単に整理することとしたい。

まず，最初に述べておきたいのは，会社法と金融商品取引法の下では，経営者の法的責任は非常に厳しくなる可能性があるという点である。その結果，経営者を監視すべき監査役等の法的責任も厳しくなるであろう。以下，会社法上の法的責任は，主として，判例で基礎づけられている内部統制システム構築義務を念頭に置くこととする。その上で，経営者の法的責任に限定して，その厳しさの概観を述べることにする。

まず，刑事責任であるが，経営者は金融商品取引法の下で，内部統制報告書虚偽記載等で重い刑事責任を課される。法定刑は，5年以下の懲役若しくは500万円以下の罰金又は併科である。企業も，5億円以下の罰金となっている。日本社会における資本市場の重要性を考慮すれば，今後は，実刑判決の可能性を常に考える必要がある。次に，民事責任であるが，経営者は，会社法と金融商品取引法の下で，会社に対し，場合によっては株主等に対し，民事責任を負う。これらの法的責任は，従来と異なり，発覚しやすく，追及されやすく，裁判所でも責任が認められやすくなると考えられる。その理由は以下のとおりである。

すなわち，第一に，内部統制システムの構築・運用は，社内不祥事を発覚しやすくする仕組みである。内部統制によって，従業員等による不祥事が発見されるだけではなく，経営者の不正をも発見されるケースが増えてくると考えられる。たとえば公益通報者保護法の影響で，不祥事を内部告発しやすい社会的空気が整ってきており，その結果，内部告発が不祥事の発覚の最大の端緒となりつつある。内部統制は，それを構築した経営者自身をも規律づけるシステムとなりうるのである。

次に，経営者への責任追及は，従来とは比べられないくらいに，厳しくなるであろう。すなわち，会社において内部統制システムが適切に運用されたならば，不祥事の際に，経営者の法的責任が問われる可能性があれば，その真偽を明らかにするために適切に調査が行われることになる。その上で，経営者に法

的責任があるとなれば，執行側が法的責任を追及し，それが訴訟になる場合には，監査役等が提訴することになる。これまでのように，経営者の法的責任が認められる場合に，正当な理由がないにもかかわらず，その追及を株主代表訴訟に待つことは，内部統制システムに欠陥があると評価されることになろう。その他にも，会社法における不提訴理由書制度が，会社による経営者の法的責任の追及を促進することになる，という背景もある。

同様に，会社法と金融商品取引法の2つの法律による内部統制規定が並立する下では，監査役等と監査人（＝会計監査人）のそれぞれの内部統制上のモニタリングの関係は循環関係になる。その結果，監査役等は，監査人（＝会計監査人）に背中を押されるようにして，経営者の法的責任を追及する必然性が生じる可能性がある。

さらに，裁判所では，経営者の法的責任が，従来以上に認められやすくなると思われる。すなわち，内部統制が整備された結果として，監査役が会社を代表して経営者を提訴する場合には，社外弁護士等による社内調査を経ているはずであるから，会社側に経営者の法的責任の追及を基礎づける十分な証拠があるケースが多いものと想定される。そのような状態で裁判が行われれば，経営者の法的責任を裁判所は認めやすくなるであろう。内部統制基準が整備されている金融商品取引法での内部統制報告制度ではもちろんであるが，いずれ会社法上の内部統制に関しても，内部統制上，経営者が何をすべきかを明確にする動きが出てくることであろう。その結果，経営者がなすべきことをしたか否かが会社における様々の証拠手段で明らかにされることになる。内部統制の重要性に対する自覚の薄い経営者にとっては，この点も，裁判上，不利に作用することになる。

内部統制システム構築義務に関する従来の判例は，上場企業の経営者にその責任をほとんど認めていなかった。しかしながら，内部統制システムの法律による規律とコンプライアンス重視の傾向を示す社会意識を背景として，今後は，従来，容易に認められなかった経営者の内部統制システム構築義務違反を認めるケースが事例として増えてくる可能性があるのである。

最後に，金融商品取引法の内部統制報告書虚偽記載等は，会社に対する無過失責任とされ，また一定の範囲で立証責任の転換が行われており，一定の範囲の株主は，会社に対する損害賠償請求をすることが，従来に比較して容易になることは確かである。さらには，虚偽記載等による経営者への損害請求についても，立証責任の転換が図られている点も忘れてはならない。

　以上のように，内部統制の法律の規律を契機として，経営者にとって厳しい法的責任が課せられる時代になるのである。

　本書では，こうした点を次章以降においてさらに検討している。本書は，こうした検討を通じて，両制度が併存する状況下において経営者及び企業に求められる対応を明らかにし，内部統制制度への包括的な対応を志向する一助となることを目的としている。

③　企業の対応

　現在，上場企業の多くは，間近に迫った，金融商品取引法の下での内部統制報告制度への対応に追われている。

　内部統制の意見書では，実施基準において，内部統制の構築プロセスを示している。すなわち，内部統制報告を実施するためには，経営者が内部統制を評価する際に，自社の内部統制の状況を示した一定の記録等が必要となるため，内部統制の整備状況を記録し保存する作業が内部統制の評価に先立って求められるのである。それにしたがえば，内部統制の構築プロセスは概ね次のように進められることとなる。

1．基本的計画及び方針の決定段階	会社法の下で決定されている内部統制の基本方針をもとに，以下の基本的計画及び方針を決定する。 ① 構築すべき内部統制の方針・原則，範囲及び水準 ② 内部統制の構築に当たる責任者及び全社的な管理体制 ③ 内部統制構築の手順及び日程 ④ 内部統制構築に係る人員及びその編成，教育・訓練の方法
2．内部統制の整備状況の把握	① 全社的な内部統制について，実施基準に示された評価項目例を修正した評価要素をもとに，整備状況の評価 ② 重要な業務プロセスについて，「業務の流れ図」，「業務記述書」，及び「リスクと統制の対応」を作成
3．把握された不備への対応及び是正	重要な欠陥の是正，必要に応じて不備を改善

　こうした構築プロセスは，内部統制報告制度を初めて実施するに当たっては，必須のプロセスということができるが，企業ごとに内部統制の実態が異なるのと同様に，構築プロセスにおいて求められる工数やコスト等は様々である。現状において，各企業の対応状況や構築プロセスの進捗度もまた多様なものとなっている。

　内部統制報告制度への対応状況については，経団連をはじめ，研究機関，各監査法人あるいは，マスメディア等が，これまでにも何度となく，実態調査を実施してきている。しかしながら，それらの調査は，調査主体が異なることによって，調査対象，実施時期，及び調査内容において一貫したものとはなっていない。

　そこで，日本取締役協会の内部統制研究会では，協会会員企業に限っての調査ではあるものの，記名方式（ただし非公開）により，内部統制報告制度への対応状況等を定期的に調査し，各企業がどのようにして内部統制の構築プロセスを進めてきたのかを時系列的に調査・検討することとしたのである。

　これまでのところ，以下のようなタイミングで，調査を実施してきている。

　第1回　2007年4月
　第2回　2007年6月
　第3回　2007年10月

第4回　2008年2月

　このうち，本書では，第5章において，第3回の調査結果を中心に，一部，第1回及び第2回の内容を参照する形で，実態調査の概要を検討している。

　また，現在，内部統制報告制度に関する多くのガイドブック等の書籍が出版されているが，そのほとんどは，監査法人や公認会計士，または弁護士等による解説書であって，企業の経営者や実務担当者に対して，「内部統制の構築はこのように進めるんですよ」と教示するものであったように思われる。それに対して，本書では，企業実務の立場から，内部統制報告制度への対応に当たって，このように進めてきて，このような問題点や困難に直面しているということを整理し，世に問うものであるともいえるであろう。

　本書の実態調査結果によって，企業実務の立場からは，他社がどのような形で内部統制の構築を進めているのかを知ることができ，また，一般に，実際の内部統制構築の実務で生じた問題点の整理を通じて，今後検討していくべき課題等を明らかにすることができるものと考えている。

第2章 内部統制の枠組み

1 内部統制の歴史－米国における内部統制の発展－

1 2002年SOX法に至るまでの内部統制に関する法制度の発展
(1) 海外不正支払防止法（FCPA）の制定

　内部統制の概念は1920年頃から米国を中心に会計監査の分野において広まったといわれている。当時，米国経済は拡大期にあり，すべての取引について会計帳簿の記録が正しいことを調査する精細監査が困難となっていた。そこで，監査の作業範囲を限定するために，各企業の業務処理の過程に整備された不正や計算間違いなどの誤謬を予防するシステム（内部牽制システム）に依拠した監査が行われるようになった。すなわち，企業内でかかる内部牽制システムが整えられていれば，監査人はそれを信頼し，監査対象の一部を抜き取って検証すること（試査）により，監査を実施すれば足りるとされたのである。このように，内部統制は，財務諸表監査のために実施すべき作業の範囲を限定するための基礎となる概念として登場した。

　内部統制に関する事項がはじめて法律に登場するのは，1977年に制定された海外不正支払防止法（*Foreign Corrupt Practices Act of 1977*，以下「FCPA」という。）においてである。FCPAは，直接的には米国企業による海外の公務員に対する賄賂・不正行為の防止を目的とし，外国の公務員，政党，政党役員等に金品を贈ることを禁ずるものである。もっとも，その制定過程において，1970年代前半のウォーターゲート事件を契機に，証券取引委員会（Securities and Exchange

Commission：SEC）が米国企業の不適正な支出に関する調査を行ったところ，それら不適正な支出の多くに粉飾決算が伴うことが明らかとなった。そこで，これを踏まえ，FCPAに企業の会計の適正性に関する規律が含まれることとなったのである。

FCPAにおいては，会社の取引及び資産の処分が合理的な詳細さで正確かつ公正に反映された帳簿・記録及び勘定書を作成・保存しなければならないとされ，さらに①取引が経営者の一般的又は個別的承認にしたがって行われたこと，②一般に認められた会計原則またはその他の適用されるべき基準にしたがって財務諸表が作成されることを可能とするため及び資産の明細を説明することができるために，取引が必要な範囲で記録されていること，③資産の使用は，経営者の一般的又は個別的承認によってのみ許容されること，④記録された資産明細が，合理的期間をおいて現存資産と照合され，差異があるときは適切な処置がとられることが合理的に保証されることを確保すべく内部統制の構築・維持が求められた。

このようなFCPA会計条項は，会社の不正を防止するという観点のみならず，投資家の投資判断の基礎となる発行会社の開示情報の信頼性を担保することをも視野に入れたものであるといえる[1]。

(2) **会計プロフェッションの対応**

1980年代には，会計プロフェッションの側でも，監査人に期待された役割と監査実務の実際とのギャップの解消を図るべく，従来の限定的な監査基準の見

---

1) SECは，FCPA内部統制条項の適用範囲を賄賂関係に限定せず，会計条項それ自体を独立の根拠とし，一般的に企業の内部会計統制システムの整備に向けた法の執行を行った。1980年代後半には，海外での不正支払いとは無関係の米国内企業の内部統制条項違反につき訴追をもっぱら行うようになり，さらには，財務諸表に重大な影響を及ぼす虚偽記載を認定しないまま，内部統制システムが十分でないことを指摘するものも見られるようになった。企業における実際の内部統制の構築・維持の進展，さらには内部統制に関する法制度等の整備の背景を考える上で，個別具体的な事件に対するSECによる法執行のあり方も重要な意義を有する（内部統制に関するSECの法執行の態様・発展につき，柿﨑環『内部統制の法的研究』日本評論社（2005年）16-23，76-79，125-128，158-177，324-337，362-363頁等参照）。

直しが図られた。しかし金融機関等の倒産が相次ぎ，それらの財務報告に依然として不正のあることが明らかとなった。そこで，不正な財務報告の原因の発見とその是正のための勧告を目的とし，不正な財務報告に関する全米委員会 (the National Commission on Fraudulent Financial Reporting：トレッドウェイ委員会) が設置され，1987年に同委員会の報告書「不正な財務報告」が公表された。

同報告書は，ミナハン委員会等それに先立つ多数の委員会による内部統制についての研究の成果を踏まえ，企業の財務報告プロセスにおける不正の問題は，監査人のみで対処できるものではなく財務報告プロセスに関与するすべての者の協力が必要であるとし，勧告先を会計プロフェッションのみならず，広く企業関係者一般としている。

同報告書では，内部統制についても，内部会計統制だけでは組織の上層部の行為を統制するには不十分であるとし，会社の統制環境を構成する諸要素の必要性を述べている。これを反映し，同報告書はこれまで監査基準書が用いてきた「内部会計統制」ではなく，より広範な意味をもつものとして「内部統制」という用語を用いている。例えば，経営者に要請される内部統制の構築として，統制環境，倫理規程，職務遂行能力，監査委員会，及び内部監査部門の重要性が強調されており，また，内部統制の監視・監督・評価につき，取締役会，監査委員会，外部・内部監査人など企業関係者のそれぞれに役割分担が与えられている。

トレッドウェイ委員会の活動を引継ぐ形で，同委員会の支援団体によって組織されたトレッドウェイ委員会支援組織委員会 (the Committee of Sponsoring Organizations of the Treadway Commission：COSO) は，1992年及び1994年に内部統制フレームワークに関する報告書を公表した[2]。

同フレームワークの意義は，経営者，監査人，従業員など企業関係者すべてに共通の内部統制概念の基盤を提供したことである。これにより，経営者による内部統制の有効性の評価・報告，及びその報告に対する監査人の関与を法的

---

2) 同フレームワークの詳細は，次節を参照。

に求める上で必要となる最低限度の基盤が整った[3]。

(3) 連邦預金保険公社改革法（FDICIA）

こうした会計プロフェッション主導の民間レベルの対応に続いて，法的側面においても，内部統制の充実に向けた取り組みが図られていくことになる。1980年代の銀行及び貯蓄貸付機関の破綻並びにこれによる預金保険の減耗を背景とし，1991年には，連邦預金保険公社改革法（*Federal Deposit Insurance Corporation Improvement Act of 1991*：FDICIA）が制定されたのである。

同法においては，内部統制に対する経営者の責任が明確にされ，かかる責任が確実に果たされることにより，銀行の破産によって納税者が負担を被る危険性を減少させることが企図されている。そのため，銀行及び貯蓄貸付機関等の金融機関には，経営者による内部統制の有効性の評価及び報告，そして，これに対する外部監査人の評価が義務づけられた。具体的には，経営者は，適切な内部統制構造及び財務報告手続を構築・維持することについての経営者の責任の表明と，かかる内部統制構造及び手続の有効性についての評価を含む報告を行わなくてはならないとされ，外部監査人は，かかる報告に含まれる経営者の主張につき監査し，報告しなくてはならないとされた。内部統制報告の対象とされる範囲については，有効性評価等に必要な客観的な基準の整備状況や報告にかかるコストが考慮され，銀行等業務のすべてに及ぶものではなく，財務報告プロセスに関するものに限定された。

また，内部統制報告の報告先としては，規制当局が金融機関の内部統制の有効性を含めた財務情報を遅滞なく収集するとの観点から，連邦預金保険公社や州の銀行監督機関等に提出するものとされた。

(4) 内部統制を支えるその他の法制度等

FDICIAと同じ1991年に，連邦司法機関内の独立委員会である合衆国量刑委員会（United States Sentencing Commission）から，企業等の団体に対する量刑ガ

---

3) 後述する1991年連邦預金保険公社改革法や1991年量刑ガイドラインなども，策定途上であった同フレームワークに示された基準を重要な指針として経営者の内部統制システムの構築・維持責任を判断することを想定していたと思われる。

イドライン（*Sentencing Guidelines*）が公表された。

　これは，違法行為を有効に防止・発見できる内部統制システム等効果的なコンプライアンスが整っている事業体に対しては，たとえ違反行為が発生した場合であっても，一定の刑の軽減を認めるというものである。加えて，会社が犯罪の発覚または捜査の着手に先立ち，違法行為の発生を知った後，合理的な期間内に，これを権限ある関係政府機関に申告した上で捜査に全面的に協力し，当該犯罪行為に対する責任を明白に認めた場合には，さらに大幅な量刑の軽減が認められる。そのような関連政府機関への遅滞なき報告を可能とするためにも，内部統制システムが必要となる。

　このように，量刑ガイドラインは，企業に対し内部統制整備のインセンティブを提供しているものと考えられる。

　1990年代後半に，企業の利益操作についての懸念が大きく取り上げられるに至り，1998年9月に，SEC及び自主規制機関（証券取引所）であるNYSE，NASDAQにより設置された諮問委員会であるブルーリボン委員会(Blue Ribbon Committee)は，財務報告プロセスの適正性を確保すべく，監査委員会の独立性・専門性を高めること，監査委員会が取締役会，外部監査及び内部監査との連携を強めることで，経営監督システムの充実を図るべきとの提言を行った。

　これを受け，1999年2月にNYSEやNASDAQ等の自主規制機関の規則も大幅に改正され，NYSE及びNASDAQの上場会社は，ともに監査委員会は少なくとも3名で構成され，その全員が「基礎的財務理解力」のある独立取締役であること，さらに，そのうちの1名は会計・財務に関する専門的経験・能力を備えていることが要請された。また，監査委員会報告書に記載されるべき財務報告プロセスの確認事項が整備され，内部監査人と外部監査人との連携についての監査委員会規程を開示することが定められた。

　こうした改正は，企業の統制環境の充実を求めるものであると捉えることができるであろう。

2　2002年SOX法（サーベンス＝オクスリー法）

2001年末に米国で発生したエンロン社の破綻及びそれに続くワールドコム社その他の企業の破綻は，投資家に甚大なる損害を与え，米国資本市場に対する投資家の信頼を著しく損なう事態となった。これを受け，米国資本市場に対する信頼を早急に回復すべく，2002年7月には，SOX法が制定された。同法においては，内部統制のさらなる充実・強化によりディスクロージャー制度の改善が図られるとともに，従来は米国連邦法の守備範囲外とされてきたコーポレート・ガバナンスの観点からの実体的規制等も導入され，公開会社及び資本市場の公正の確保が目指されたのである[4]。

(1)　SOX法302条

SOX法302条は，CEO及びCFOを含む経営者に対して，年次報告書及び四半期報告書に，①報告書をレビューし，重要事実の省略や不実記載がないこと，②財務諸表等が公正であること，③内部統制の構築・維持責任を負い，内部統制の有効性についても評価したこと，④内部統制評価後の変更・重大な欠陥を監査人及び監査委員会に報告したこと等の表明を掲げた宣誓書を添付するよう義務づけている[5]。

ここで規定された内部統制概念は，同法302条に基づくSEC規則により「開示統制・手続」と整理され，1934年証券取引所法（*Securities Exchange Act of 1934*, 以下「34年取引所法」という。）により提出等される報告書では「開示が義務づけら

---

[4]　SOX法においては，資本市場における情報開示の適正性を高めるために，コーポレート・ガバナンスの観点からの実体的規制も含め，種々の規制を導入している。具体的には，監査委員会のモニタリングの実効性を強化する観点及び外部監査人の独立性を確保する観点から種々の規制強化が行われ，意図的な財務報告の不正を厳格に処罰する観点から，罰則が強化された。

[5]　SOX法906条は，同法302条に基づくかかる認証義務に加え，34年取引所法に基づきSECに提出される財務諸表を含む定期報告書につき，同報告書が34年取引所法に完全に従っていること，同報告書に記載された情報が財政状態および経営成績をあらゆる重要な点において公正に示していることについてCEO及びCFOを含む経営者の認証義務を課し，さらに，虚偽であることを知りながら認証を行った者については刑事罰を科すこととしている。

れている情報の記録，処理，要約及び報告がSEC規則及びフォーム所定の期間内に行われることを確実にするために設計された統制その他の手続」と定義されている。また，「開示統制・手続」は，CEO及びCFOを含む経営者が開示義務に関する決定を適時になし得るように，34年取引所法により提出等される報告書において会社が開示を求められている情報が，CEO，CFOを含めた経営者に集積・伝達されることを保証する統制・手続を含むとされている。

このように，SOX法302条に基づく内部統制，すなわち「開示・統制手続」は，財務諸表のみならず34年取引所法に基づき開示が求められる非財務情報をも含めた情報の信頼性を高めるため，非財務情報の収集・分析，及び適時の開示にも対応すべく従来の内部統制概念を超えたより広範な概念として規定されているといえる。

(2) SOX法404条

SOX法404条は，経営者による内部統制の構築義務及び評価を記載した内部統制報告書，さらにその報告書に対する外部監査人による証明を年次報告書に開示することを規定したものである。

ここでの内部統制概念は，「財務報告に係る内部統制・手続」と整理され，SEC規則により，財務報告の信頼性及び一般に認められた会計原則に準拠した外部報告用の財務諸表の作成に関して合理的な保証を提供するために，CEO及びCFOを含む経営者によって，又はその監督のもとに設計されるプロセスであり，取締役会，経営者及びその他の従業員により実行されるものと定義される。また，財務報告に係る内部統制・手続は，①発行会社の取引及び資産の処分を合理的な詳細さで正確かつ公正に反映する記録の維持に適するものであり，②会社の取引が，一般に認められた会計原則にしたがった財務諸表の作成に必要とされる程度に記録され，発行会社の収入と支出が，経営者及び取締役等の授権にしたがった場合にのみ行われることの合理的な保証を提供し，③財務諸表に重大な影響を及ぼすおそれのある発行会社の資産を無権限で取得，使用若しくは処分することの防止，及びそれらを適時に発見することに関する合理的な保証を提供することを含むものとされている。

(3) SOX法における内部統制の意義

即時かつ適時の情報を求められる資本市場が円滑に機能するためには，資本市場への情報伝達のたびに監査人による厳密な監査が要求できない以上，情報伝達・生成の基礎となる企業の内部統制の有効性が担保されなくてはならない。かかる要請に応えるべく，SOX法302条においては，財務諸表のみならず非財務情報の収集・分析及び適時の開示にも対応すべく開示統制・手続の構築・維持が求められている。これにより，投資家にとって必要な財務情報のみならず非財務情報をも含めた適時な情報開示の質を確保することが目指されている。

一方，開示される財務報告又は会計情報のさらなる正確性を確保すべく，財務報告に係る内部統制については，SOX法404条において，先述したFDICIAよりもさらに踏み込み，公開会社一般に経営者の内部統制に対する評価及びそれに対する監査人の証明，さらにはその結果の一般への開示が義務づけられている[6]。

さらに，内部統制の枠外で起こるとされる経営者不正に対応するという観点からも，経営者による内部統制の評価・認証及びその開示を義務づけたSOX法は，一定の意義を有するものと思われる。すなわち，経営者が内部統制の評価をし，有効であるとの認証をしている状況下においては，いざ不適正な情報開示が生じた場合に，経営者は，自らあずかり知らない組織のどこかで起こったことが原因である，換言すれば，内部統制に問題があったことが原因でそのような不適正な情報開示が行われたとの弁明をすることが困難となる。そのため，いざ不祥事が生じた際には，経営者による内部統制の無効化・無視があったのではないかについても問われることとなる。これにより，経営者による内部統制の無効化・無視が抑制されることが期待される。その意味で，SOX法による内部統制報告制度の導入は，内部統制の限界とされている経営者による内部統制の無視・無効化を抑制することにもつながるものであると考えること

---

[6] 内部統制の範囲及び構成要素，その評価の基準，報告の形式，会計プロフェッションが証明を実施するための行為基準等の制度的基盤が整っていたことがこれを可能としている。

ができる。

② 内部統制のフレームワーク

1 内部統制のフレームワーク

　内部統制のフレームワークとは，内部統制とは何かを明らかにするために内部統制の概念や考え方を示す，内部統制の定義ないし基本的枠組みのことをいい，内部統制を議論する際の共通の土台となる概念である[7]。

　内部統制は，財務諸表監査の領域で成立・発展した沿革・経緯，法的認知の前後における変遷，内部統制の目的ないし視点の捉え方，コーポレート・ガバナンス等の隣接する概念との位置づけ，内部統制に関わる利害関係者の範囲，企業規模や経済のグローバル化・市場化等の環境変化による，様々な観点が錯綜・関連しあって生成・発展してきた多義的・流動的な概念であり，その内実を一義的に明確化することは難しい。内部統制がこのように多義的・流動的な概念である以上，内部統制のフレームワークもその影響を受け，様々な内部統制フレームワークが検討されている。

　本節では，国内外で示されている様々なフレームワークを俯瞰することを目的とし，内部統制の国際標準（デファクト・スタンダード）となっているCOSOの内部統制フレームワークを概観した上で，それとの対比において，日本を含む各国の様々な内部統制フレームワークについて，背景・根拠となる規範，内部統制の目的と構成要素等を中心に検討していくこととする。

2　COSOの内部統制フレームワークとその後の展開

(1) COSOの内部統制フレームワーク

　1992年及び1994年に，COSOから内部統制フレームワークが公表されてい

---

[7]　鳥羽至英『内部統制の理論と制度』国元書房（2007年）6，7，60頁，町田祥弘『内部統制の知識』日本経済新聞出版社（2007年）48頁等を参照。

る[8]。

　COSOの内部統制フレームワークは，内部統制を，3つのカテゴリーに属する目的の達成に関して，合理的な保証を提供することを意図した，企業の取締役会，経営者及びその他の構成員によって遂行される1つのプロセスとし，内部統制は，5つの構成要素と呼ばれる，相互に関連する項目から構成されるとする。そして，5つの構成要素が3つの統制目的の範疇で有効に機能している場合に，内部統制が有効であると捉える（なお，同フレームワークでは組織という概念が用いられているが，以下では企業という概念で説明を行う。)。

　まず，3つのカテゴリーに属する目的とは具体的には次の目的をいう。

① 業務の有効性及び効率性 (Effectiveness and efficiency of operations)

　事業活動が事業目的達成に向かって効果的・効率的になされていること。

② 財務報告の信頼性 (Reliability of financial reporting)

　財務会計報告に信頼がおけること。

③ 適用される法律及び規則の遵守 (Compliance with applicable laws and regulations)

　企業を対象とする法令の遵守のこと，すなわちコンプライアンスのことであり，事業活動に関わる法令やその他の規範も含まれる。

　なお，COSOの内部統制フレームワークでは資産の保全 (safeguarding of assets) は独立の目的とされていない[9]。

　次に，5つの構成要素とは具体的には次の要素をいう。

(a) **統制環境** (Control Environment)

　企業の気風を決定し，企業に属する人々の統制に関する意識に影響を与え

---

8) COSO報告書の邦訳につき，鳥羽至英・八田進二・高田敏文共訳『内部統制の統合的枠組み－理論篇－』・『同－ツール篇－』白桃書房（1996年）を参照のこと。

9) 米国では1934年証券取引法の修正法として1977年海外不正支払防止法（FCPA）において，内部会計統制システムの維持とともに既に資産の保全が求められていた関係で，敢えてCOSOフレームワークで独立の目的として取り上げなくとも資産の保全に係る対応が図られていたため，資産の保全を独立の目的としてではなく業務の有効性及び効率性という目的の中に含めたからである。しかし，資産の保全を財

る環境。統制環境には，誠実さ，倫理観，企業の構成員の能力，経営者の哲学行動スタイルなどの要素が含まれる。

(b) リスクの評価（Risk Assessment）

企業の目的を明確化した上で，目的の達成に関連するリスクを識別，分析し，リスク管理方法を決定する基礎を形成すること。経済，業界，規制，事業の状況は変化し続けるので，このような変化に対応した特定のリスクを識別，分析及び管理するための仕組みが必要である。

(c) 統制活動（Control Activities）

経営指示が実行されていることを保証するために役立つ政策，手続のこと。統制活動は企業の全ての階層，職務で行われるものであり，具体的には，承認，権限の付与，レビュー，資産の保全等の活動が含まれる。

(d) 情報と伝達（Information and Communication）

企業を構成する人々が職責を果たすことができる形式と時間枠で，適切な情報が特定，捕捉，伝達されること。そのためには重要な情報を上層部に伝達する手段が確立されていることの他，顧客，取引先，株主，企業外部の者とのコミュニケーションも必要とされる。

(e) 監視活動（Monitoring）

内部統制が，監視されること。統制システムのパフォーマンスの質を継続的に評価するプロセスであり，日常的な監視活動と独立的な評価，あるいはその両方の組み合わせにより遂行される。内部統制の欠陥は上層部に報告され，特に重要な事項は最高経営責任者及び取締役会への報告事項となる。

さらに，内部統制の主体は，企業の経営体，経営者及び従業員のすべてである。内部統制とは株主が経営者を管理するための手段として経営者に課される

務報告の統制の一部に含めなかったことについてGAO（会計検査院）より強い批判があり，COSOは，1994年の対外的報告と題する補足文書で資産の保全の定義を置き，GAOは不支持を撤回するに至った経緯がある（鳥羽・八田・高田『前掲訳書』60頁，柿崎環『内部統制の法的研究』日本評論社（2005年）150-151，185頁注42, 47，手塚仙夫「内部統制評価制度のポイント」『日本証券経済研究所講演録』（2007年）6頁）。

ものでも,経営者が従業員を管理するための手段として従業員に課されるものでもなく,究極的には企業の存続のために,企業経営の指揮運営から実践までを担う取締役会,取締役及び従業員という人的構成要素が,全員参加でこれを遂行するということを意味している。

　COSOの内部統制フレームワークの特徴としては,次の5点を指摘することができる[10]。

① 会計統制だけでなく,事業活動全般にわたる極めて広義の内部統制概念を採用していること。
② 有効な内部統制の構築に資する目的から,その策定及び運用に第一義的な責任を負うべき経営者の視点に立脚したものとなっていること。
③ 内部統制とは統制目的を達成するためのプロセスであり,企業に属するあらゆる人間によって遂行されるものであると位置づけていること。
④ 内部統制の有効性は,取締役会及び経営者が統制目的に関する合理的な保証を得られるかどうかによって判断されること。
⑤ 内部統制に関する経営者報告及びそれに対する監査人の関与を想定し,その基礎となる概念枠組みを形成していること。

　COSOの内部統制フレームワークは,基本的に内部統制の構築と運用のための自主規制マニュアルであり,法的強制力をもたないが,内部統制を単に組織や制度といった仕組みあるいは手続・規定といった人間の行為を規制・監視する手段と理解するのではなく,プロセス,あるいは仕組みや手段の機能状況として理解し,仕組みが有効に機能する状況としての態勢と理解する点で画期的である。

　COSOの内部統制フレームワークは公表当初はあまり積極的に受け入れられなかったが,1995年,米国公認会計士協会が,監査基準書第78号「財務諸表監

---

10) 町田『前掲書』51頁,町田祥弘『会計プロフェッションと内部統制』税務経理協会(2004年)139頁,鳥羽『前掲書』7・62-71頁,八田進二『外部監査とコーポレート・ガバナンス』同文舘出版(2007年)241頁,柿崎『前掲書』139-140,364-365頁。

査における内部統制の検討－SAS第55号の改訂」を公表して同フレームワークを全面的に受け入れたことを契機に広く一般化し，その後の内部統制，内部監査の実務，会計監査の実務に非常に大きな影響を与えている。また，2002年にSOX法が制定され，その中で，経営者による内部統制の評価報告書の作成と独立監査人による監査が義務づけられたが，同法404条に基づく内部統制報告の監査基準となる公開企業会計監視委員会（Public Company Accounting Oversight Board：PCAOB）監査基準第2号でも，経営者による評価のために適切なフレームワークはCOSOによるフレームワークであることを明示し，監査基準第2号は，全体的に同フレームワークによることを前提としている。

米国以外の各国及び各国際機関においても，COSOの内部統制フレームワークは，内部統制に関する議論の基礎として活用され，国際的に浸透し，現在では内部統制の事実上の世界標準となっている。

(2) ERMフレームワーク

ERMフレームワークとは，経済環境や競争環境の急激な変化を背景として，事業のリスクを特定・分析し，管理することの重要性，すなわち，内部統制を事業リスク・マネジメントの観点から捉えることの実務からの要求が高まってきたことを背景として[11]，2004年9月に公表された，「全社的リスク・マネジメント－統合的枠組み」（*Enterprise Risk Management-Integrated Framework*）に示された，COSOを基礎として企業のリスク管理に焦点を当てて，発展させた全社的なリスクを管理する枠組みをいう[12]。ERMフレームワークと略称されることもある。

ERMとは，企業の取締役会，経営者及びその他企業内のすべての者によって遂行され，企業の戦略の算定に利用され，企業の全体に適用される，事業目

---

11) 経済産業省企業行動課編『コーポレート・ガバナンスと内部統制』経済産業調査会（2007年）8頁，山田剛志「金融商品取引法における企業情報開示と実効性の確保」証券取引法研究会編『証券・会社法制の潮流』（2007年）26頁。
12) COSOのERMフレームワークの邦訳として，八田進二・中央青山監査法人訳『全社的リスクマネジメント－フレームワーク篇－』・『同ツール篇－』東洋経済新報社（2006年）を参照。

的の達成に関して合理的な保証を与えるために，企業に影響を及ぼす潜在的な事象を識別し，企業のリスク選好に応じてリスク管理が実施できるように設計されたプロセスであると定義されている。

まずERMフレームワークの目的・意義としては，次の4項目が設定されている。

① 戦略（Strategic）
企業のミッションと連動し，ミッションを支えるハイレベルな目標
② 業務（Operations）
企業の資源の効率的かつ有効な利用
③ 報告（Reporting）
報告の信頼性
④ 法令遵守（Compliance）
適用される法律及び規則の遵守

また，ERMフレームワークは，次の8つの相互に関連する構成要素で構成されている。

(a) 内部環境（Internal Environment）
　内部環境は企業の気風を組み込み，企業を構成する人々のリスクに対する姿勢，リスクの捉え方についての基礎を構築する。具体的にはリスク選好，誠実さ，倫理観などが含まれる。

(b) 目標設定（Objective Setting）
　経営者が目的の達成に影響を与える潜在的事象を特定する前に，目的が存在する必要がある。ERMは経営者が目的を設定するプロセスを持つこと，そして，設定された目的が企業のミッションやリスク選好と整合し，かつこれを支持するような目的となっていることを保証する。

(c) 事象の認識（Event Identification）
　企業の目的の達成に影響する企業内部と外部の事象について，それがリスクなのか事業機会なのかを識別する必要がある。事業機会の場合は経営者の戦略や目的を設定するプロセスに戻される。

第2章　内部統制の枠組み

(d) **リスクの評価**（Risk Assessment）

リスク管理のあり方を決定する基礎として，発生可能性や影響度を勘案しながらリスク分析が行われる。リスクは固有リスクと残存リスクとをベースに評価される。

(e) **リスクへの対応**（Risk Response）

経営者がリスクの対応策（回避，受容，低減，共有）を選択し，企業のリスク許容度，リスク選好とリスクが合致するようにリスク対応活動を発展させること。

(f) **統制活動**（Control Activities）

リスク対応が効果的に実施されることを保証する手段として，方針や手続が制定され，実施されること。

(g) **情報と伝達**（Information and Communication）

関連する情報が特定され，捕捉され，企業を構成する人々が自らの職務を遂行できる形式と時間枠で伝達されること。効果的なコミュニケーションは，広い意味で，企業を上下・横断して流れる。

(h) **監視活動**（Monitoring）

ERMは監視され，必要に応じて修正される。監視活動は継続的な経営活動，独立した評価，あるいはその両方によって実施される。

ERMフレームワークは，内部統制の定義につきCOSOの内部統制フレームワークと同じ定義を採用しながら，目的については，①「戦略」目的という，他の3つの目的よりも上位に位置づけられる目的を追加していること，②「報告」目的について，財務報告に限らず，事業体目的のすべての報告へと範囲が広がっていること，構成要素では，③構成要素に「目標設定」，「事象の認識」，「リスクへの対応」を追加していること，④内部統制フレームワークの「リスクの評価」を「リスクの評価」，「リスクへの対応」と細分化を図り，より直接的かつ広範にリスク問題に焦点が当てられていること等に相違点がある。

ERMフレームワークは，COSOの内部統制フレームワークに代替するものではなく，同フレームワークを尊重しながらリスク・マネジメントへの応用を

提示し，内部統制とリスク・マネジメントとを統合して企業戦略の中核に位置づけたものである[13]。

(3) COSO中小規模公開企業のためのガイダンス

2006年7月11日，COSOは，「財務報告に係る内部統制－中小規模公開企業のためのガイダンス－」(Internal Control over Financial Reporting－Guidance for Smaller Public Companies 以下「本ガイダンス」という。)を公表し，COSOの内部統制フレームワークを中小規模の公開企業に適用するための指針を示している[14]。

内部統制報告制度が公開企業に多大な時間とコストの負担を強いる状況にあり，制度の見直し・改善の過程で，大規模公開企業よりもより大きな負担が予想される中小規模公開企業にとって効率的に内部統制を構築する必要性が背景となって，本ガイダンスは策定された。

本ガイダンスの中心は，3分冊から構成される本ガイダンスの第2分冊であり，そこで，中小規模公開会社において過大な時間・コストをかけることなく効率的にCOSOの内部統制フレームワークを適用するに当たっての20の原則とそれを達成するための76の属性を示している。

20の原則は内部統制の5つの構成要素から直接的に導き出された概念であり，5つの内部統制の構成要素が適切に整備され運用されているかを評価するためのガイダンスとして機能し，また，76の属性は，原則に示された内容を更に細分化・具体化したものであり，原則が達成されているかを評価するためのガイダンスとして機能する[15]。

本ガイダンスは，従来のCOSOの内部統制フレームワークを否定したり，中小企業向けに異なるフレームワークを定めたものではなく，従来のCOSOフレームワークを基礎として，中小企業において内部統制の構築及び評価を行う

---

13) ERMフレームワークの特徴の詳細は，経済産業省企業行動課編『前掲書』9頁，KPMGビジネスアシュアランス『内部統制の実践的マネジメント』東洋経済新報社 (2005年) 84－85頁，88－89頁，根田正樹ほか編著『内部統制の理論と実践』財務詳報社 (2007年) 26－27頁を参照のこと。

14) 本ガイダンスの翻訳としては，日本内部監査協会・八田進二監訳『簡易版COSO内部統制ガイダンス』同文舘出版 (2007年) を参照のこと。

際に，中小企業の特徴を踏まえた対応を図るとともに，コスト負担を軽減することができるよう配慮したガイダンスとなっている。

また，同ガイダンスは，中小規模公開企業について明確な定義を示していないが，これは，同ガイダンスの利用を単に中小規模公開企業に限定するのではなく，大規模公開企業がコスト効率のよい方法で内部統制を構築する際にも利用ができることをも目的としているためである。したがって，現在米国では上場企業は，これらの原則及び属性をもとに，内部統制の構築と評価を図っていけばよいものと捉えられている。

3　日本における内部統制フレームワーク

(1)　経済産業省の報告書のフレームワーク

国内のモデルとして，まず，経済産業省が2003年6月に公表した「リスク管理・内部統制に関する研究会」報告書のフレームワークがある[16]。

この報告書は，リスク・マネジメントへの関心の高まりや，同時期に策定が進められていたCOSO・ERMのフレームワークの方向性を踏まえた内容になっている。内部統制が適切に機能するためには，内部統制の基盤と内部統制における機能が相互に影響を及ぼしながら企業活動を支えることが必要となる，より具体的には，経営者の経営に対する基本方針の明確化や行動規範の周知徹底など健全な内部統制環境を整備すること，円滑な情報伝達，業務執行部門におけるコントロールとモニタリング，業務執行部門から独立したモニタリングが必要とされている。

---

15)　たとえば，統制環境については，誠実性と倫理的価値観（原則1），取締役会（原則2），経営者の哲学と行動様式（原則3），組織構造（原則4），財務報告に係る能力（原則5），権限と責任（原則6），人的資源（原則7）の7つの原則が，原則1の属性として，①価値観を明確に述べる，②遵守状況をモニタリングする，③逸脱に対処することが示されている。

16)　報告書は経済産業省企業行動課編『前掲書』149−226頁に収録されている。フレームワークの解説につき同47−48，51−55頁，池田唯一編著『総合解説　内部統制報告制度』税務研究会（2007年）106−113頁。

その後，企業不祥事が相次いで発生し社会問題化する中で，経済産業省は，不祥事を防止し企業価値を維持・増大させるために必要な取組みを検討するため，「企業行動の開示・評価に関する研究会」を開催して，2005年8月に，企業がコーポレート・ガバナンス及びリスク管理・内部統制を構築する際に参考とするべき指針として，「コーポレート・ガバナンス及びリスク管理・内部統制に関する開示・評価の枠組みについて－構築及び開示のための指針」を公表している。

　この報告書では，内部統制を企業経営者の経営戦略や事業目的等を組織として機能させ，達成していくための仕組みと定義し，その上で内部統制はリスク管理と一体となった形でダイナミックに整備・適用されることが必要であるとされ，コーポレート・ガバナンス及びリスク管理と一体となって指針が示されている。

　同報告書に示されている指針ないしフレームワークは次のとおりである。

① コーポレート・ガバナンスの確立

　　コーポレート・ガバナンスを確立するためにはまず良好な企業風土が重要であり，自律的なコーポレート・ガバナンスに加え，企業経営者以外の者が，経営理念や事業目的等に照らし適切な経営が行われているかの監督または監視，検証を行うことにより，コーポレート・ガバナンスの機能強化を図ることが必要である。

② 健全な内部環境の整備・運用

　　企業経営者，特にトップ自らの自立的なコーポレート・ガバナンスが機能する企業風土を構築し，全社的な調整，評価等を実施する統括部門を設置した上で，当該部門が行動規範の作成・改定や遵守に関する全社的な調整等を実施する必要がある。

③ トータルなリスクの認識・評価

　　企業を取り巻くそれぞれの事象（企業経営にマイナスの影響を与える不確実性だけでなく，プラスの影響を与えるものも含む。）が経営に与える影響は，業種，業態等により個別企業ごとに異なるが，その中で経営に重大な影響を及ぼ

すリスクをトータルに認識し，評価していくことが重要である。リスクの影響度及び発生可能性を勘案して，対応すべきリスクの優先順位を決定するとともに，常にリスクの認識・評価を見直していくことが必要である。

④ リスクへの適切な対応

リスクへの適切な対応には，リスクの優先順位を踏まえて，自社の内部統制を整備・運用していくことが重要であり，さらには，適時適切にリスクの変化を捉えて，内部統制も不断に見直していくことが必要である。また，リスクに対応した上で，残存リスクについては，企業として容認できる水準か否か，改めて評価することも重要である。

⑤ 円滑な情報伝達の整備・運用

円滑な情報伝達の整備・運用に関して，通常の業務報告とは別の報告経路（ヘルプライン等）を確立することが重要である。その際，通報者の匿名性の確保についても十分注意を払うことで，不祥事の発見につながる情報が迅速かつ的確に，企業経営者に伝わる仕組みを作る必要がある。さらに，社外への迅速かつ的確な情報発信のため，事前に対応方針を明確にし，必要に応じてその訓練を行うことが必要である。

⑥ 業務執行ラインにおける統制と監視の適切な整備・運用

トータルなリスクの認識，評価及び適切な対応を反映した経営管理や執行体制の整備，規則（手続，マニュアル等）の制定が重要である。また，定期的にあるいは企業環境，企業組織，企業戦略の変更，重大な事象の発生などに対応して，再度リスクの識別・評価を行い，それに基づき規則等を不断に見直すことが必要である。

⑦ 業務執行ラインから独立した監視（内部監査）の確立

執行ラインから独立し，高い専門性や倫理観を有する内部監査部門を企業の実態に応じて，さらには事業目的等に照らして適切に設置することが重要である。内部監査部門はあらゆる部署を対象にして，特にリスクの大きい部門やリスクが顕在化する可能性が大きい部門に重点的に監査資源を配分することが重要である。

本報告書のフレームワークは，COSOのERMフレームワークが内部統制のフレームワークの上位に発展的に全社的リスク・マネジメントを位置づけようとしているのに対し，内部統制とリスク・マネジメントを一体的に運用されるものと捉える点に特徴がみられるほか，リスク・マネジメントの定義について，ERMフレームワークと類似した定義を採りつつ，ERMフレームワークがリスクを負の影響を及ぼすものに限定してそのポートフォリオに焦点を当てているのと対照的に，リスクを「事業発生の不確実性」と広く捉える点に特徴が見られる[17]。

(2) 金融庁企業会計審議会（「財務報告に係る内部統制の評価及び監査の基準並びに財務報告に係る内部統制の評価及び監査に関する実施基準の設定について（意見書）」）のフレームワーク

2007年2月，金融庁の企業会計審議会から「財務報告に係る内部統制の評価及び監査の基準並びに財務報告に係る内部統制の評価及び監査に関する実施基準の設定について（意見書）」が公表された。これは，2005年12月に公表された「財務報告に係る内部統制の評価及び監査の基準案」につき，2006年6月に金融商品取引法の成立を受けて，同基準案を一部修正するとともに，金融商品取引法の成立を受けて実施に移すため，より詳細な指針となる実施基準を策定したうえ，基準と実施基準とを併せて1つの意見書にとりまとめたものである。

本意見書の「財務報告に係る内部統制の評価及び監査の基準」の部分及び「財務報告に係る内部統制の評価及び監査に関する実施基準」の部分の冒頭の「Ⅰ 内部統制の基本的枠組み」に内部統制のフレームワークが示されている。

本意見書は，内部統制を業務の有効性及び効率性，財務報告の信頼性，事業活動に関わる法令等の遵守並びに資産の保全の4つの目的が達成されているとの合理的な保証を得るために，業務に組み込まれ，組織内のすべての者によって遂行されるプロセスをいい，統制環境，リスクの評価と対応，統制活動，情報と伝達，モニタリング（監査活動）及びIT（情報技術）への対応の6つの基本

---

17) 町田『会計プロフェッションと内部統制』153-154頁。

的要素から構成されると定義し，内部統制の目的を達成するため，経営者は，内部統制の基本的要素が組み込まれたプロセスを整備し，そのプロセスを適切に運用していく必要があるとする。それぞれの目的を達成するには，すべての基本的要素が有効に機能していることが必要であり，それぞれの基本的要素は内部統制の目的のすべてに必要になる関係にあるとする。

まず，本意見書の内部統制フレームワークの目的は次の4点である。

① 業務の有効性及び効率性

　　事業活動の目的の達成のため，業務の有効性及び効率性を高めること。

② 財務報告の信頼性

　　財務諸表及び財務諸表に重要な影響を及ぼす可能性のある情報の信頼性を確保すること。

③ 事業活動に関わる法令等の遵守

　　事業活動に関わる法令その他の規範の遵守を促進すること（いわゆるコンプライアンス）。

④ 資産の保全

　　資産の取得，使用及び処分が正当な手続及び承認の下に行われるよう，資産の保全を図ること。

本意見書の内部統制フレームワークの基本的要素は次の6点である。

(a) 統制環境

　組織の気風を決定し，組織内のすべての者の統制に対する意識に影響を与えるとともに，他の基本的要素の基礎となるもの（経営者の姿勢，取締役会の機能状況等）をいう。

(b) リスクの評価と対応

　組織の目標の達成に影響を与えるすべてのリスクを識別，分析及び評価することによって当該リスクへの対応を行う一連のプロセスをいう。

(c) 統制活動

　経営者の命令及び指示が適切に実行されることを確保するために定める方針及び手続をいう。

(d) 情報と伝達

　必要な情報が組織や関係者相互間に，適切に伝えられることを確保することをいう。

(e) モニタリング

　内部統制の有効性を継続的に監視及び評価するプロセスをいう。

(f) ITへの対応

　組織目標を達成するために予め適切な方針及び手続を定め，それを踏まえて，業務の実施において組織の内外のITに対し適切に対応することをいう。

　本意見書の内部統制フレームワークは，国際標準となっているCOSOの内部統制フレームワークを原則として受け入れつつ，日本に固有の状況と，現代の企業及び企業環境に適合するものに改定したフレームワークであるが，同フレームワークと対比すると，次のような特徴が見られる[18]。

　目的についての特徴は，第1に，本意見書の内部統制フレームワークの目的は，COSOの内部統制フレームワークの3つの目的に更に，「資産の保全」を加えた4つである。COSOのフレームワークでは独立の目的とされていない資産の保全という目的を，日本では，理論的な観点から，また，米国におけるFCPAに相当する法律がないこと，さらに，財産調査権を有する監査役又は監査委員会には財産の保全に重要な役割が期待されていること等から他の目的から切り離して独立の目的とされた経緯がある。なお，資産の保全という目的は，他の3つの目的にまたがった共通の目的として機能するものと位置づけることができる。

　第2に，「財務報告の信頼性」とは，財務諸表及び財務諸表に重大な影響を及ぼす可能性のある情報の信頼性を確保することをいい，財務諸表に記載され

---

[18] 橋本尚「財務報告に係る内部統制の評価及び監査の基準並びに財務報告に係る内部統制の評価及び実施基準の設定について（意見書）」『月刊監査役』525号（2007年）30頁以下，八田進二「財務報告に係る内部統制の評価及び監査基準のあり方についての概要」『金融法務事情』1797号（2007年）10頁，八田進二・都正二・森居達郎・町田祥弘「座談会　内部統制報告基準および実施基準の重要ポイント」『企業会計』Vol.59 No.4（2007年）22—23頁ほか。

た金額，数値，注記を要約，抜粋，分解又は利用して記載すべき開示事項，関係会社の判定，連結の範囲の決定，持分法の適用の要否，関連当事者の判定その他財務諸表の作成における判断に密接に関わる事項が含まれるとされ，財務諸表に関する情報に限定されていない。この点も，財務報告の範囲を明確にしていないCOSOの内部統制フレームワークと違いが見られる。

次に，基本的要素についての特徴は，第1に，代表的な要素であるという趣旨から，「構成」要素ではなく，「基本的」要素という表現が採られている。第2に，本意見書の内部統制フレームワークは，COSOフレームワークの5つの構成要素に更に，「ITへの対応」を加えた6つを要素としている。「ITへの対応」は他の5つの要素と必ずしも独立に存在するものではないが，他の5つの要素による有効性の評価の際の視点として機能する点に留意が必要と思われる。第3に，COSOフレームワークでは「リスクの評価」とされていた構成要素を，本意見書の内部統制フレームワークでは，リスク・マネジメントに焦点を当てたCOSOのERMフレームワークの動向を視野に入れて，リスクの評価だけでなく，その対応策の策定までを包括する要素として「リスクの評価と対応」という基本的要素としている点も重要な相違点である。

本意見書に示された内部統制フレームワークは，金融商品取引法による内部統制報告制度にとどまらず，日本において内部統制を議論する際の枠組みとして機能していくものと考えられる。

4　COSO以外の内部統制フレームワーク

(1)　英国―ターンバル・ガイダンス

英国では1998年に上場企業の望ましいコーポレート・ガバナンスを示した統合規範（*the Combined Code*）が作成され，その内容が証券取引所の上場規則に組み入れられた。統合規範の中で，内部統制について，上場企業の取締役には，財務統制のみならず広範な内部統制の健全な維持と，少なくとも年1回，財務，業務，法令遵守に係る統制及びリスク管理を含むすべての統制について，有効性のレビューを行い，株主に報告すべきことが義務づけられた。

1999年に，統合規範における「拡大された内部統制」を実施・運用するための実務指針として，イングランド・ウェールズ勅許会計士協会（ICAEW）のターンバル委員会によるガイダンス「内部統制：統合規範に関する取締役のガイダンス」(*Internal Control:Guidance for Directors on the Combined Code*，以下「ターンバル・ガイダンス」という。）が作成・公表され，英国では本ガイダンスが今日に至るまで内部統制の基本的な仕組みを規定している。

　ターンバル・ガイダンスに示された内部統制のフレームワークは次のとおりである[19]。

　まず，内部統制の目的は，次の3つである。

① 業務の有効性と効率性の促進

　　企業の目的についての，重大な事業活動上，業務上，財務上，法規の遵守上その他のリスクに対して，企業が適切に対処することを可能にさせることにより，企業の有効的かつ効率的な業務を促進すること。

② 内部報告と外部報告の質の確保

　　内部報告と外部報告の質の確保に役立つこと。そのためには，組織の内外から時宜に適った目的適合的かつ信頼し得る情報の流れを生む正しい記録とプロセスを維持すること。

③ 法令及び内部方針の遵守

　　適用される法律及び規則の遵守，それと同様に企業の行動に関する内部方針の遵守の保証に役立つこと。

　次に，内部統制の構成要素は，企業全体の事業リスクの評価，統制環境，統制活動，情報と伝達，監視活動の5つとされている。

---

19) 八田進二・橋本尚訳「ICAEW・ターンバル委員会報告書内部統制－統合規程に関する取締役のためのガイダンス」『駿河台経済論集』9巻（2000年）159頁，北川道男「英国の内部統制とリスク・マネジメント」『国際関係研究』22巻4号（2002年）171頁，橋口和「英国の中央政府における内部統制について」『金融研究』25巻2号（2006年）94－96頁，津田秀雄「英国企業における取締役の内部統制システムの構築責任」『生駒経済論叢』2巻1号（2004年）107頁以下を参照のこと。

ターンバル・ガイダンスにおける内部統制のフレームワークは，COSOの内部統制フレームワークを踏襲しつつも，目的の面では，COSOのフレームワークが財務報告を中心としているのと異なり，財務報告に限らず，内部報告をも含んでいること，構成要素の面では，まず企業全体の事業リスクの評価を行うこと等に相違点が見られるほか，リスク・マネジメントの内容と方法を含むフレームワークとして，中心的な役割を果たすとされている[20]。

2006年11月，2006年会社法が国王の承認により成立したが[21]，この間，統合規範は2003年7月，2006年6月に改訂され，ターンバル・ガイダンスも2005年に改訂された。既に改訂された統合規範により取締役会による内部統制報告実務が開始され，2006年9月に，英国監査実務審議会が公表した財務諸表の監査基準書は，会計監査人は取締役会による内部統制報告書が統合規範の規定に準拠しているか否かをレビューする形で内部統制報告監査を行うことが明記されている。なお改訂によっても，上記のフレームワークは基本的には変更されていない。

(2) フランス―「内部統制システム：フレームワーク」

フランスでは，2003年8月に制定された金融安全法（*Loi de s'ecurit'e financi'ere*）によって商法典（*Code de Commerce*）が改正されて内部報告制度が制度化された。すなわち，公開会社の取締役会（又は監査役会）会長報告書において，内部統制手続についての報告が求められ，会計監査役には，当該報告書に記載さ

---

20) 英国のように「遵守せよ，さもなくば説明せよ」原則ないし基本的な考え方を採用している国にとってCOSOの内部統制フレームワークをそのまま導入することは法制度の整合性という点からみて困難であった。そのため，英国では公開会社のコーポレート・ガバナンス体制の改革を強行法的ルールによって行うのではなく，統合規範を設定し，ロンドン証券取引所の上場規則で，その遵守状況または不遵守の理由を開示させるという，いわばソフトローと呼ばれる手法を維持して対処してきた経緯がある（川島いづみ「英国における内部統制システム〜最近の動向と法的課題〜」『月刊監査役』474号（2003年）48頁）。
21) 8年以上の検討期間を経て成立した英国議会史上最大規模の法律であり，2008年10月までに全面施行を予定して段階的に施行される。もっとも，1985年会社法等の規定も一部生き残っており，2006年法は完全な統合法ではない。

れる財務及び会計情報の作成並びに処理に係る内部統制手続に関する報告に対して所見の表明が求められる。しかし法令等による統一的な内部統制の定義や目的は定められておらず，共通のフレームワークを欠いているため，報告書の記載内容が不均質で相互の比較可能性が損なわれる結果となっていた。フランスの内部統制報告で求められているのは，取締役会（又は監査役会）会長が実際に設けられている内部統制手続について「説明」することで，評価や判断ではないことも比較を困難にする要因となっていたという指摘もある。

そこで，内部統制に関わる報告義務を負う企業に対し，内部統制を構築し内部統制報告の作成に参照し得る標準化された枠組みを示し，報告書の読者が認識・理解を共有することを可能とするため，金融市場監督機構支援のもとに設置されたワーキング・グループは，2006年5月，企業の内部統制全体に係る一般原則を含むフレームワークを，同年12月には財務及び会計情報に係る内部統制手続に関する適用指針を公表し，これらは「内部統制システム：フレームワーク」として，2007年1月，ワーキング・グループ報告書の形で公表されている。

「内部統制システム：フレームワーク」は，「内部統制とは，企業の責任の下で設定され実施されるシステムであり，活動の管理，経営の効率性並びに資源の有効な利用に寄与し，経営，財務又はコンプライアンスに関わる重要なリスクの適切な考慮を明確にする，企業ごとに固有の特質に適合した手段，行動，手続及び活動の集合体である」と定義し，内部統制は以下の4点を保証することを目的・志向し，関連しあう以下の5つの構成要素からなるとしている[22]。

まず，内部統制が目的・志向する4点の保証は次のとおりである。

① 法令の遵守

② 経営者による指示や方針の適用

---

[22] 蟹江章「フランスにおける内部統制報告の現状と内部統制フレームワークの設定」『月刊監査研究』395（2007年）18頁以下，亀井克之「フランスにおける内部統制規範と企業統治」『損害保険研究』68巻3号（2006年）1頁以下を参照のこと。

③ 企業内部のプロセス（特に資産の保護に関する，企業の内部統制プロセス）が適切に機能している
④ 財務情報の信頼性

次に，内部統制の5つの構成要素は次のとおりである。

(a) その責任について明確に定義し，適切な資源と能力を有し，相応な情報システム，プロセス・実行方法，設備・道具，実践慣習を保持する組織体制の構築。
(b) それぞれの責任の行使に当たって必要とされる適切で信頼できる情報の内部的伝達。
(c) 企業の目的に照らして識別可能な主要リスクを調査，分析し，当該リスクに対する管理手続の存在を保証するシステム。
(d) 各プロセスに固有の問題に適合し，経営目的の達成に影響を及ぼし得るリスクを管理するために必要な措置がとられることを保証するために設計された統制活動。
(e) 内部統制システムに対する継続的な監視並びに内部統制システムの機能に対する定期的な検証。

「内部統制システム：フレームワーク」は，COSOの内部統制フレームワークとターンバル・ガイダンスに示された規範を参考として策定され，特に同フレームワークに依拠した部分が大きく，構成要素は類似している。

(3) ドイツ—IDW監査基準260号「決算監査の枠組みにおける内部統制システム」

ドイツでは，1998年に施行された「企業領域における統制と透明性に関する法律」(*KonTraG*) を通じて決算監査の新しい諸規則が導入されたことを契機に，社団法人ドイツ経済監査士協会（IDW）は2001年7月，IDW監査基準260号「決算監査の枠組みにおける内部統制システム」（以下「IDW監査基準260」という。）を公表した。

IDW監査基準260は，内部統制を企業の経営者によって導入された原則，手続および措置（取り決め）と定義し，次のようなフレームワークを採用してい

る[23]。

まず,内部統制の目的は,次の3つである。
① 企業活動の有効性及び経済性の確保
② 内部及び外部の会計報告の正確性と信頼性
③ 企業にとって重要な法規定の遵守

内部統制は,次の相互に関連する5つの構成要素から構成される。

(a) 統制環境

原則,手続,措置を導入し,採用する枠組みのことであり,企業における倫理的価値や専門的能力の意味,企業文化等に対する従業員の価値観,経営者の経営スタイル等により決定される。

(b) リスクの評価

企業が直面する財務,法務,効率及び戦略等のリスクを識別し分析すること。

(c) 統制活動

経営者の決定の遵守を確保するための原則及び手続のこと。

(d) 情報と伝達

経営者の経営上の決定に関する情報が適切かつ時宜に適した形で取得され,処理され,適切な責任ある場所に送られることに役立つシステム,手続のこと。

(e) 内部統制の監視

企業の従業員による内部統制の経済性の評価のこと。

IDW監査基準260は内部統制に関する国際的な研究成果も取り入れて策定されており,その内部統制のフレームワークは,外形上はCOSOの内部統制フレームワークと類似している。しかし,IDW監査基準260の内部統制フレーム

---

[23] 小松義明「ドイツ監査基準にみる内部統制システムの概念」『産業経理』66巻1号(2006年)44頁以下,加藤恭彦・遠藤久史「ドイツにおける『企業領域におけるコントロールと透明性に関する法律』の概説(2)」『甲南経営研究』39巻3・4号(1999年)87頁以下を参照のこと。

ワークは，内部統制の規定範囲を定めている点にCOSOのフレームワークとの相違がある。すなわち，IDW監査基準260は，内部統制概念を，企業活動の制御に関する諸規定（内部制御システムと定義される。）と，これらの規定の遵守を監視するための規定（内部監視システムと定義される。）という並列する2つの概念の上位概念として設定し，実質的にドイツの独自性を堅持している。

(4) カナダ「統制ガイダンス」

カナダ勅許会計士協会の中に設置された統制基準審議会が1995年11月，同年12月，1999年4月，2000年4月に各々公表した複数のガイダンス中，内部統制に相当する概念のフレームワークは，1995年11月に公表された報告書第1号「統制に関するガイダンス」（以下「統制ガイダンス」という。）の中で示されている。

統制ガイダンスは，統制を次のように定義している。すなわち，統制とは，総合的に考えて，組織の目的の達成に際して，人々を支援する（組織の資源，システム，プロセス，文化，構造及び任務を含む。）組織における統制の構成要素からなる。こうした組織の目的は，業務の有効性と効率性，内部報告と外部報告の信頼性，関連法規と内部方針の遵守の1つ若しくは複数の一般的な範疇に分類される。

このように統制ガイダンスは，財務報告に係る内部統制よりも広範な意味を有する統制概念を取り上げ，特に，コーポレート・ガバナンスを含む組織の統制全般を対象としており，その設計・評価並びに報告に関するガイダンスを提供することを目的としている。

統制ガイダンスによる統制のフレームワークは次のとおりである[24]。

まず，統制の目的は，次の①～③に分類される。

① 業務の有効性と効率性

　　顧客サービス，資源の保全と効率的な利用，収益性及び社会的責任の履

---

[24] 以下の記述については，八田進二「カナダにおける内部統制の議論」『産業経理』57巻2号（1997年）33頁を参照のこと。

行のような組織の目標に関連した目的を含む。
② 内部報告と外部報告の信頼性
　適切な会計記録の維持，組織の中で利用される情報及び第三者に対して公表される情報の信頼性といった事柄に関連した目的を含む。
③ 関連法規と内部方針の遵守
　組織の業務が法規上の業務及び内部方針に準拠して実施されていることの保証に関連した目的を含む。

このように，統制ガイダンスが示す統制の目的には，COSOフレームワークでは直接取り上げていない内部報告の信頼性及び内部方針の遵守といった組織内部での経営者の監視活動の一環と捉えられる目的が加味され，統制ガイダンスは目的の設定プロセス，戦略的経営計画，リスクの管理及び是正措置を統制の範囲に含めている。そのため，統制ガイダンスが統制の範囲から除外されるのは経営管理上の意思決定の領域だけとなっている。

また，統制の有効性の評価のための判断規準として，以下のとおり，4つの要素，20の判断規準が掲げられている。

(a) 目標（目的）

目標は，事業目的，リスクとチャンスの評価，基本方針，事業計画，目標設定のことをいい，具体的には次のとおりである。

・ 目標を設定し，伝達しなければならない。
・ 組織がその目的の達成に際して直面する内部及び外部の重要なリスクを識別して評価しなければならない。
・ 組織の目的達成と組織のリスク管理を支援することを意図した方針について，人々が自分達に期待している事項及び自己の裁量で行動し得る範囲を理解できるように，これを設定し，かつ実行しなければならない。
・ 組織の目的達成に際しての努力を導く計画を設定し，伝達しなければならない。
・ 目的及び目的に関連した計画は，測定可能な業務目標及び業績指標を含んでいなければならない。

(b) コミットメント（取組み）

コミットメント（取組み）とは，倫理観，人事方針，権限と責任，コミュニケーションのことをいい，具体的には次のとおりである。

- 誠実性を含む倫理的価値観の共有を組織全体にわたって確立し，伝達し，かつ実行しなければならない。
- 人的資源に関する方針と管理は，組織の倫理的価値観及び組織の目的達成と整合したものでなければならない。
- しかるべき立場の人々が意思決定を行い，措置を講じることができるように，権限，責任及び報告義務を明確に示すとともに，組織の目的と整合したものにしなければならない。
- 人々の間の情報の流れ及び組織の目的達成に向けての彼らの有効な業務を支援するために，相互の信頼感を促進しなければならない。

(c) 能力（可能性）

能力（可能性）とは，知識・スキル，報告体制，コントロール活動のことであり，具体的には次のとおりである。

- 人々は，組織の目的達成を支援するのに必要な知識，技能及び手段を保持しなければならない。
- 伝達プロセスは，組織の価値観及び組織の目的達成を支援しなければならない。
- 十分かつ目的適合的な情報を，人々が自分達に割り当てた責任を履行しえるように，適時に識別し，伝達しなければならない。
- 組織の様々な部分にとってのリスク及び統制の構成要素の相互関係を考慮に入れて，組織の統合的部分として統制活動を設計しなければならない。
- 組織の目的，目的達成にとってのリスク及び統制の構成要素の相互関係を考慮に入れて統制活動を設計しなければならない。

(d) 監視と改善（監視活動と学習）

監視と改善（監視活動と学習）とは，環境モニター，目標対比モニター，システムの見直し，コントロールの評価のことをいい，具体的には次のとおり

である。
- 組織の目的あるいは統制についての再評価の必要性を知らせるような情報を入手するために，外部環境と内部環境とを監視しなければならない。
- 組織の目的及び計画において識別される目標及び指標に対して，業績を監視しなければならない。
- 組織の目的の背後にある過程を定期的に検討しなければならない。
- 情報ニーズ及びそれに関連した情報システムについては，目的が変わったりあるいは報告上の欠陥が識別されたときに，再評価しなければならない。
- しかるべき変更あるいは措置が行われることを保証するために，事後点検手続きを確立しなければならない。
- 経営者は，所属する組織の統制の有効性を定期的に評価し，その結果を，統制の有効性に責任のある当事者に伝達しなければならない。

上記の判断規準は，統制の本質，すなわち，目標目的，コミットメント（取組み），能力（可能性），監視と改善（監視活動と学習）から演繹的に導き出されたものである。統制の有効性の判断は，COSOの内部統制フレームワークにいう統制目的の範疇との関連で行われるものではなく，顧客サービスの目的や従業員の士気の目的といった組織における個別的な目的との関連において行われ，有効性の評価の際に上記の20の判断規準が用いられる。

統制ガイダンスのフレームワークは，企業経営の流れに沿ったプロセスとして設定されており，COSOの内部統制フレームワークよりも動態的なフレームワークであると評価されるが，COSOのフレームワークと対比すると，①統制ガイダンスは，財務報告に関する内部統制よりも広範な統制概念を採用し，組織における有効な統制のための判断規準を基礎として統制の枠組みを提示している，②COSOの内部統制フレームワークでは取締役会が構成要素に含まれているのに対し，統制ガイダンスでは，取締役会を構成要素に含んでいない，③COSOのフレームワークでは「経営者に固有の領域」として内部統制とは切り離した部分も，20の判断規準の設定・組織における目的適合性の判断規準とさ

れているというように，統制ガイダンスでは，統制の基礎をなす概念で，COSOのフレームワークと相違が見られる。

統制基準審議会は，現在，その役割を，同じくCICA内に設置された後継機関である「リスク・マネジメント及びガバナンス審議会」(Risk Management and Governance Board) に譲り，内部統制については，「内部統制2006：証明の次の波－経営者のためのガイダンス」及び「内部統制2006：証明の次の波－取締役のためのガイダンス」が公表されているが，ここでも，「統制ガイダンス」の定義が踏襲されており，上記の統制のフレームワークは維持されている。

(5) 韓国一「内部会計管理制度模範基準」

米国で2002年に成立したSOX法は，通貨危機以降コーポレート・ガバナンス改革を持続的に進めていた韓国にも影響を及ぼし，2003年12月の公認会計士法，2004年4月には株式会社の外部監査に関する法律，証券取引法の施行等，内部統制システムに関連する改革が進められた[25]。2005年6月，韓国上場会社協議会・内部会計管理制度運営委員会は，株式会社の外部監査に関する法律の適用対象会社について会計の透明性を確保するために「内部会計管理制度模範基準」を制定・公表した。「内部会計管理制度模範基準」[26] は，財務諸表等についての報告・監査及び企業関係者が持続的に実行すべきプロセスについて規定しており，韓国版COSOフレームワークと位置づけられる。

「内部会計管理制度模範基準」の示す内部統制フレームワークは次のとおりである。

まず，内部統制の目的は，内部統制の定義の規定で，次の3つの目的達成に対する合理的な確信を提供するために，組織の取締役会，経営陣及びその他の構成員によって持続的に実行される一連のプロセスであると規定されている[27]。

---

25) 文戴晧「サーベンス・オクスレー法の制定が韓国企業の内部統制システムに及ぼした影響」『明大商学論叢』87巻特別号（2005年）99頁以下。
26) 杉本徳栄訳「韓国上場会社協議会・内部会計管理制度運営委員会内部会計管理制度模範基準」『龍谷大学経営学論集』45巻3号（2005年）235頁以下。
27) 内部会計管理制度模範基準第2章5．

① 企業運営の効率性及び効果性の確保（運営目的）

会社が業務遂行に当たって資源を効果的かつ効率的に使用している。

② 財務情報の信頼性の確保（財務報告目的）

会社が外部に公表する財務情報について正確かつ信頼性ある作成及び報告体系を維持している。

③ 関連法規及び政策の遵守（法規遵守目的）

会社のすべての活動は関連法規，監督規定，内部政策及び手続を遵守している。

次に，内部統制の構成要素は，次の5つである[28]。

(a) 統制環境

内部統制制度全体の基礎をなす概念であり，組織体制・構造・内部統制を誘引する賞罰体系，人的資源運用政策，教育政策，経営者の哲学，倫理，リーダーシップ等を含む包括的な概念である。

(b) リスクの評価

会社の目的達成と営業成果に影響を及ぼしうる内部・外部の関連リスクを識別し，評価・分析する活動を意味し，全社的水準及び業務プロセス水準のリスクの識別，リスクの分析・対応方案の樹立，リスクの持続的管理等が含まれる。

(c) 統制活動

組織構成員が取締役会と経営陣が提示した経営方針やガイドラインに従って業務を遂行できるように計画した政策及び手続と，当該政策や手続が遵守されるようにするための各種活動を意味し，職務の分離，文書化，承認・決裁体系，監督体系，資産の保全体系等を含む。

(d) 情報及び意思疎通

組織構成員が自己の責任を適切に果たすことができるように，時宜に適った情報を確認・収集することができるように支援する手続と体系を意味し，

---

[28] 内部会計管理制度模範基準第2章6．

情報の生産・集計・報告体系，意思疎通の体系及び方法等が含まれる。
　(e)　監視活動
　　内部統制の効果を持続的に評価するプロセスを意味し，会社全体又は事業単位に対する自己評価，自己監査活動及び事後管理等が含まれる。
　上記のとおり，目的及び構成要素はCOSOと同様であることからも「内部会計管理制度模範基準」のフレームワークは基本的にCOSOの内部統制フレームワークをそのまま受容したものと捉えることができる。
(6)　各国の内部統制フレームワークの収斂・共通化
　COSOが1992年及び1994年に内部統制フレームワークを公表し，新しい内部統制概念を提唱・導入したことは各国の内部統制概念に様々な影響を与えた。もとより，各国の内部統制は，コーポレート・ガバナンス論を受けて，企業の健全性の確保を目的とし，国ごとに異なる法律等の社会的システムに基づくガバナンスの状況，社会の実務環境によって異なる利害関係者間の関係や企業組織機構等の企業内制度によるガバナンスの状況等を背景として，様々なフレームワークが模索・構築されている[29]。また，COSOフレームワークのすべてを各国の基準に取り込むことは，COSOフレームワークが極めて大部であることや各国の法制度との整合性等からいって無理がある，という限界はある[30]。しかしながら，内部統制フレームワークについては，各国の法制度や考え方に影響されない，コアあるいは共通部分についてかなりの程度，国際的に共通の認識が出来上がりつつある状況にあると思われる。
　他方，監査，検証あるいは報告，すなわち経営者の報告に対し，監査人等がどのように評価し，どのように監査するかについては，それぞれの国の事情に応じてあるいは目的に応じて違いが大きく，未だ共通の方向には収斂していないと思われる[31]。

---

29)　町田『会計プロフェッションと内部統制』125, 131−133頁。
30)　川島「前掲論文」48頁。
31)　池田『前掲書』33−41頁。

5　内部統制フレームワークが担う役割

　以上のとおり，国内外の様々な内部統制フレームワークを紹介してきたが，内部統制フレームワークの重要性，すなわち，内部統制フレームワークが内部統制の構築・評価を適正に行い，それを利害関係者に報告・開示するための制度として重要な役割を果たしていることの認識は広く浸透している。しかし，留意しなければならないのは，どのような内部統制フレームワークを採用するとしても，内部統制フレームワークを用いることだけでは十分な内部統制が構築できるわけではなく，当該フレームワークを活用して具体的にどのように内部統制を実現していくかということが重要な課題であるという点である。

　内部統制フレームワークは様々に異なった活動を行う企業が汎用的に利用・依拠することを目的として策定された，標準化・一般化されたフォーマットである。フレームワークを軽視し，余りに独自性の高い内部統制を構築することは的確ではない。独自性が強い内部統制では他の企業との比較可能性や自社における期間比較可能性も損なわれることになりかねないからである。このような機能・役割からすると，内部統制フレームワークは内部統制の構築・評価の際に視点を整理するための整理箱のように用いるべきである。

　したがって，各企業は，内部統制フレームワークという標準化されたフォーマットに依拠しつつ，自主裁量の範疇の範囲内で，自社の事業内容や事業の特性，規模，戦略，自社の組織を取り巻く環境等にいかに的確に対応し得る具体的な態勢を構築できるか（共通・標準の土台と自主裁量との調和）が重要である[32]。

　さらに，構築した内部統制について，企業を取り巻く時々刻々と変化する社会的情勢の変化に応じて不断に見直して，よりよいものに発展させていくことも重要であり，このような対応が十全な内部統制の構築や評価を可能ならしめ，

---

32) 会社法（改正前商法下を含む。）における内部統制構築義務が問題となった裁判例でも，具体的に構築された内部統制の内容に立ち入りつつ，他社の状況を参考とするという手法を採っており，結局，構築すべき内部統制について構築時点での最低水準があるこという立場にたっていることを示しているという指摘があり（小出篤「平成一七年度会社法関係重要判例の分析〔上〕」『旬刊商事法務』1773号（2006年）36頁），

企業価値の向上ひいては公正かつ健全な企業の発展に資することを期待して，内部統制フレームワークの項目の解説の結びとしたい。

❸ 内部統制と他の概念との関係

1 内部統制の概念

「内部統制」という言葉は，現在，会社法及び金融商品取引法において，構築が求められているシステムとして論じられている。しかし，内部統制という概念は多義的に捉えられており，論者によっても多少異なっている。そこで，ここでは主に，法的な側面を中心に内部統制の概念がどのような概念であるのかを整理した後，他の概念との関係を検討する。

(1) 会社法上の内部統制の概念

会社法において，条文上，「内部統制」という用語は使用されていない。したがって，内部統制の定義がいかなるものなのか，会社法における内部統制とはどういう概念なのか，必ずしも明確にはなっていない。ただし，会社法においては，判例上も法令解釈上も「内部統制」のことを「内部統制システム」と説明しているので，本書においても，会社法上の内部統制のことを指す場合，「内部統制システム」という用語を使用することにする。

会社法上の概念において，内部統制システム構築義務を取締役等に認めたのは，いわゆる大和銀行事件大阪地裁判決[33]において「健全な会社経営を行うためには，……リスク管理体制（いわゆる内部統制システム）を整備することを要

裁判所がこのような判断枠組みを採用しているとすると，会社法・会社法施行規則が定める内部統制の構築に係る基本方針に関する取締役会の決議事項や，金融商品取引法の定める内部統制報告実務に係る報告様式が定められたこと等により，他の企業との比較可能性が確保され，最低水準の内部統制の内容の解明が容易になるため，内部統制の具体的な構築につき裁量の範囲内か否かが厳しく問われる契機へと繋がることが予想される。なお，会社法における内部統制については本書第3章以下を参照されたい。

33) 大阪地判2000年9月20日『判例時報』1721号3頁。

する」としたのが最初といわれている。その後，法律上の「内部統制システム」構築義務の概念は，平成14年商法改正において委員会等設置会社制度が導入された際，「監査委員会の職務の執行のために必要な事項」（旧商法特例法21条の7第1項2号）として定められた。その内容としては，①監査委員会の職務を補助すべき使用人に関する事項，②使用人の執行役からの独立性の確保に関する事項，③執行役・使用人が監査委員会に報告すべき事項その他の監査委員会に対する報告に関する事項，④執行役の職務の執行に係る情報の保存・管理に関する事項，⑤損失の危険の管理に関する規程その他の体制に関する事項，⑥執行役の職務の執行が法令・定款に適合し，かつ，効率的に行われることを確保するための体制に関するその他の事項，が挙げられていた（旧商法施行規則193条）。これらの決定義務について，立法担当者は，取締役会に対し，内部統制システムの構築を義務づけたものと解説しているが[34]，法律上の文言としては「内部統制システム」という言葉は使用されていなかった。

　これらの旧商法特例法上の規定は，会社法においても，取締役会等の決定が義務づけられる対象会社を委員会設置会社以外の大会社に拡大し，若干整理した上で，「株式会社の業務の適正を確保するために必要な」体制として規定されている（会社法348条3項4号・会社法施行規則98条，会社法362条4項6号・会社法施行規則100条，会社法416条1項1号ロ・会社法施行規則112条）。この体制の中には，監査役設置会社の場合の「監査役の監査が実効的に行われることを確保するための体制」が含まれている。なお，委員会設置会社の場合，「株式会社の業務の適正を確保するために必要な」体制と「監査委員会の職務の執行のために必要な」事項は分けて規定されているが，監査役設置会社と委員会設置会社で区別して考える理由もなく，委員会設置会社においても「監査委員会の職務の執行のために必要な」事項を含めて「株式会社の業務の適正を確保するために必要な」体制と整理してよいであろう。

　これらの会社法上の規定についても，いわゆる内部統制システムについて定

---

[34] 濱克彦・郡谷大輔・和久友子「平成一四年商法改正に伴う改正商法施行規則の改正（Ⅴ・完）」『旬刊商事法務』1661号（2003年）25頁。

めたものとされている[35]。

(2) 金融商品取引法上の内部統制の概念

　他方，金融商品取引法においては，「会社の属する企業集団及び会社に係る財務計算に関する書類その他の情報の適正性を確保するために必要な」体制について評価した報告書の作成義務を定め，この報告書を「内部統制報告書」としている（金融商品取引法24条の4の4第1項）。この「内部統制報告書」の用語，様式，作成方法については，一般に公正妥当と認められる財務報告に係る内部統制の監査に関する基準として企業会計審議会により公表された「財務報告に係る内部統制の評価及び監査の基準」（以下「評価・監査基準」という。）並びに「財務報告に係る内部統制の評価及び監査に関する実施基準」（以下「実施基準」という。）にしたがうものとしている（内閣府令1条1項4号）。したがって，内部統制報告書を作成するに当たっては，評価・監査基準及び実施基準にしたがうこととなるが，その基準は米国におけるCOSOの内部統制フレームワークの枠組みを踏襲しながら，わが国の実情を反映させたものとなっている。

　評価・監査基準及び実施基準によると，内部統制とは，「基本的に，業務の有効性及び効率性，財務報告の信頼性，事業活動に関わる法令等の遵守並びに資産の保全の4つの目的が達成されているとの合理的な保証を得るために，業務に組み込まれ，組織内のすべての者によって遂行されるプロセス」をいい，「統制環境，リスクの評価と対応，統制活動，情報と伝達，モニタリング（監視活動）及びIT（情報技術）への対応の6つの基本的要素から構成される」とされている。

(3) 経済産業省の指針が定義する内部統制の概念

　内部統制の定義については，会社法，金融商品取引法における議論のほかに，経済産業省の研究会においても，定義づけがなされてきた。

　まず，2003年6月の経済産業省「リスク管理・内部統制に関する研究会」の「リスク新時代の内部統制〜リスク・マネジメントと一体となって機能する内

---

[35] 相澤哲・石井裕介「新会社法関係法務省令の解説(3)株主総会以外の機関」『旬刊商事法務』1761号（2006年）13頁。

部統制の指針〜」(以下「03年指針」という。)では,「内部統制とは,企業がその業務を適正かつ効率的に遂行するために,社内に構築され,運用される体制及びプロセスである」と定義された。

その後,2005年8月の経済産業省「企業行動の開示・評価に関する研究会」の「コーポレート・ガバナンス及びリスク管理・内部統制に関する開示・評価の枠組について－構築及び開示のための指針－」(以下「05年指針」という。)においては,「内部統制とは,企業経営者の経営戦略や事業目的等を組織として機能させ達成していくための仕組み」と定義された。

(4) 内部統制の定義

以上のように内部統制の概念は,それぞれ使用される場面において若干異なるが,どれも内部統制のデファクトスタンダードとなっているCOSOのフレームワークを参考にして論じられていることからすれば,COSOの内部統制フレームワークの枠組みを踏襲しながら,わが国の実情を反映させた定義である評価・監査基準及び実施基準の定義が,会社法,金融商品取引法を通じて,わが国の「内部統制」の定義としては妥当であろう[36]。

したがって,本書においては,内部統制の定義につき,「基本的に,業務の有効性及び効率性,財務報告の信頼性,事業活動に関わる法令等の遵守並びに資産の保全の4つの目的が達成されているとの合理的な保証を得るために,業務に組み込まれ,組織内のすべての者によって遂行されるプロセス」として捉えることとし,内部統制は,①統制環境,②リスクの評価と対応,③統制活動,④情報と伝達,⑤モニタリング(監視活動)及び⑥IT(情報技術)への対応の6つの基本的要素から構成されるという考え方を採用することにする。なお,内部統制をこのように捉えたとしても,内部統制の整備及び運用はあらかじめ想定されるモデルに当てはめるものではなく,会社の特性に応じたものを整備し運用しなければならないことに変わりはない。

---

[36] 立法担当者もそのような理解をしていると思われる。葉玉匡美・郡谷大輔編著『会社法マスター115講座』ロータス21(2007年)158頁参照。

2 内部統制と他の概念との関係
(1) コーポレート・ガバナンスとの関係

　コーポレート・ガバナンスという概念は多義的である。コーポレート・ガバナンスを論じるとき，わが国では大別して2つの点が論じられるといわれている。一つは，会社は誰のものかという点，もう一つは会社の経営・管理機構の在り方という点である[37]。コーポレート・ガバナンスの概念を，会社の運営・管理機構の在り方という視点から定義するならば，「会社の運営が公正かつ効率的に行われるようにする仕組み」ということができるであろう。また，コーポレート・ガバナンスは，公開会社の運営・管理機構の問題として論じられることもある。

　コーポレート・ガバナンスを会社は誰のものかという観点から論じるとき，コーポレート・ガバナンスは内部統制と直接の関係はないことになる。それは，会社のステークホルダーとの関係を議論するものであり，会社内部の組織，体制とは次元の異なる議論であるからである。他方，会社の運営・管理機構の在り方という点でコーポレート・ガバナンスを論じるならば，「会社の運営が公正かつ効率的に行われるようにする仕組み」ということになり[38]，内部統制とコーポレート・ガバナンスは，目的を同じくする仕組みと捉えることができる。内部統制においては，業務の有効性・効率性が目的として挙げられており，コーポレート・ガバナンスにおいても，業務の効率性を一つの目的とする仕組みと捉えることができるからである。

　他方で，内部統制とコーポレート・ガバナンスには，異なる点も指摘できる。もともと内部統制とコーポレート・ガバナンスは，沿革も異なるものであり，概念としても異なっているが，特に対象及び枠組みについて異なっていると考えられる。内部統制は，「業務の有効性・効率性」，「財務報告の信頼性」，「事

---

37) 江頭憲治郎「コーポレート・ガバナンスの課題」『銀行法務』21・558号（1999年）4頁，末永敏和「コーポレート・ガバナンス」『ジュリスト』1155号（1999年）122頁。
38) 龍田節「日本のコーポレート・ガバナンスの基本的問題」『旬刊商事法務』1692号（2004年）4頁。

業活動に関わる法令等の遵守」,「資産の保全」という4つの目的が達成されているとの合理的な保証を得るために遂行されるプロセスであり,対象は会社の事業活動全般である。また,枠組みとしても,「統制環境」,「リスクの評価と対応」,「統制活動」,「情報と伝達」,「モニタリング（監視活動）」,「ITへの対応」の6つの基本的要素がすべて適切に整備,運用されていることを確認するプロセスである。他方,コーポレート・ガバナンスは,取締役・執行役の会社経営が適法かつ効率的に行われるように会社の機関を設計することを目的とするものであり,その対象は,基本的に取締役・執行役の活動であり,枠組みとしても経営者を監視する仕組みとしての機関設計であると考えられる。

　経済産業省の05年指針は,コーポレート・ガバナンスを「企業経営を規律するための仕組」とし,その内容として,①企業風土による規律と②企業経営者を監督または監視・検証する仕組の2点を挙げている。他方,内部統制については,「企業経営者の経営戦略や事業目標等を組織として機能させ達成するための仕組である」と定義している。そして,「コーポレート・ガバナンスは,基本的に『企業の経営者をどのように規律するか』という問題であるのに対して,リスク管理及び内部統制は,企業経営者自身が自らの企業をどのように規律するかという問題」という整理がなされている。

　しかし,経営者の活動を監視するという観点においては,内部統制とコーポレート・ガバナンスは重なり合うものである。すなわち,内部統制の基本的要素のうち,「統制環境」や「モニタリング」では,経営の監視体制が対象として含まれている。また,会社法においては,「取締役（執行役）の職務の執行が法令・定款に適合することを確保するための体制」,「取締役（執行役）の職務の執行に係る情報の保存・管理に関する体制」及び「取締役（執行役）の職務の執行が効率的に行われることを確保するための体制」が内部統制システム構築の基本方針の対象として掲げられているため,取締役・執行役の職務執行の監視体制も内部統制の内容となっていると考えられる。したがって,コーポレート・ガバナンスの内容である監査役や監査委員会,取締役が行う経営者の監視活動も内部統制の内容となっているとはいえ,その点では重なり合ってい

ると考えられる。なお，旧商法下でも規定されていた委員会等設置会社における内部統制システムは，「監査委員会の職務の遂行のために必要なもの」として規定されていたのであり，監査委員会の監査のためのツールとしての機能も担っていた。

(2) リスク・マネジメントとの関係

リスク・マネジメントの概念は，もともと保険の分野で生成し，その後，経営学の分野などにおける議論も取り込んで発展してきたものである。

「リスク」の分類については，損害または利益のいずれかを発生させるリスク（投機的リスク）と損害のみを発生させるリスク（純粋リスク）という分類や，静態的リスクと動態的リスク，主観的リスクと客観的リスク，人的リスクと物的リスク，など様々な分類の仕方がある。

また，「マネジメント」の意義についても，マネジメント，プロセス，コントロール，制御と管理，科学的管理，など様々な捉え方がある。マネジメントの手法としても，リスクの確認・測定・処理・統制，リスクの制御，リスク処理などといった捉え方がされている[39]。

リスク・マネジメントをもっとも広く捉えるならば，「不確実性」をすべて「リスク」と捉え，そのリスクの管理，対策などを意味することになるであろう。

内部統制において，リスク管理は内部統制の構成要素とされている。内部統制に関連したリスク・マネジメント（リスク管理）の定義については，これまで経済産業省を中心として，「企業の価値を維持・増大していくために，事業に関連する内外の様々なリスクを適切に管理する活動」(03年指針)と捉えたり，「企業経営者が企業経営を行い，利益を追求していく上で，企業を取り巻く様々な事象が抱えている不確実性（企業経営にマイナスの影響を与える不確実性だけでなく，プラスの影響を与えるそれも含む。）というリスクに個々に対応するのではなく，経営理念，事業目的等に照らして経営に重大な影響を及ぼすリスクを企業経営

---

[39] リスク・マネジメントに関する分析は，武井勲『リスク・マネジメント総論』中央経済社 (1987年) 18−47頁，亀井利明『リスク・マネジメント総論（第3版）』同文舘出版 (2006年) 15−41頁, 63−78頁。

者が認識・評価し対応していくマネジメントの一つ」(05年指針) と捉えてきた。

しかし，金融商品取引法上の内部統制報告書制度に関連して2007年2月15日にまとめられた企業会計審議会の内部統制基準及び実施基準においては，内部統制の基本的要素である「リスクの評価と対応」におけるリスクについて，「組織目標の達成を阻害する要因をいう」とされ，「ここでのリスクは，組織に負の影響，すなわち損失を与えるリスクのみを指し，組織に正の影響，すなわち利益をもたらす可能性は，ここにいうリスクには含まない」とされた。なお，会社法上の内部統制システムとして定められているリスク管理は，「損失の危険の管理」とされており，損失を与えるリスクを指していると考えられる。会社法及び金融商品取引法で内部統制が規定された現在においては，損失を与えるリスクをリスク管理の対象としているといえるであろう。

なお，内部統制の基本的要素である「リスクの評価と対応」のうち，「リスクの評価」とは「組織目標の達成に影響を与える事象について，組織目標の達成を阻害する要因をリスクとして識別，分析及び評価するプロセスをいう」とされている。また，「リスクへの対応」とは，「リスクの評価を受けて，当該リスクへの適切な対応を選択するプロセスをいう」とされている。

ところで，リスク・マネジメントと内部統制は，そもそも異なる背景及び経緯で発展してきたものであり，必ずしも一致しない。

経済産業省の05年指針によれば，「内部統制は，適正なリスク管理を行うための前提となるものであり，適正な内部統制が構築されていることがリスク管理というマネジメントを支えて」おり，「内部統制は，リスクの認識・評価及び対応のあり方を踏まえ，リスク管理と一体となった形でダイナミックに整備・運用されなければならない」とされている。すなわち経済産業省の05年指針においては，内部統制とリスク管理は，一体となって整備・運用される関係と捉えている。

まず，リスク・マネジメント論において，リスク・マネジメントは，「リスク」の範囲，「マネジメント」の手法などの捉え方により，様々な定義づけがなされているが，一般的にリスク克服に関するマネジメント，ノウハウ，シス

テム，対策などを意味する[40]。他方，内部統制は，「リスクの評価と対応」だけで構成されているわけではなく，他の基本的要素とともに構成されている。

リスク・マネジメント論における「マネジメント」も内部統制における「リスクの評価と対応」も，リスクを把握し，リスクに対応するという点は共通しているが，リスク・マネジメント論におけるリスクと内部統制の基本的要素である「リスクの評価と対応」におけるリスクは，その範囲において必ずしも一致しない。すなわち，リスク・マネジメントを広く捉えた場合，リスクの概念という点では内部統制よりリスク・マネジメントの概念が広い。他方で，リスクを把握・評価し，リスクに対応するという点では，リスク・マネジメントは内部統制の一部に含まれる関係にあるといえる。

(3) コンプライアンスとの関係

コンプライアンスは，法令の遵守といわれることもあるが，現在では，法令にとどまらず，社内規程や企業に求められるルール，企業倫理等の規範を遵守することを指すという見解が支配的である。

会社法では，「株式会社の業務の適正を確保するための体制」として，「取締役（執行役）の職務の執行が法令及び定款に適合することを確保するための体制」（会社法348条3項4号，362条4項5号，416条1項1号ホ），「使用人の職務の執行が法令及び定款に適合することを確保するための体制」（会社法348条3項4号・会社法施行規則98条1項4号，会社法362条4項6号・会社法施行規則100条1項4号，会社法416条1項1号ホ・会社施行規則112条2項4号）が挙げられている。会社法上，大会社の取締役又は取締役会が決定しなければならないコンプライアンス体制の内容として明示されているのは，取締役，執行役及び使用人の職務執行に対する法令及び定款への適合性確保である。

他方，金融商品取引法上の内部統制報告書制度における評価・監査基準及び実施基準においては，内部統制の目的として「事業活動に関わる法令等の遵守」を挙げている。そして「事業活動に関わる法令等の遵守」とは，「事業活動に

---

40) 亀井利明監修『基本リスク・マネジメント用語辞典』同文舘出版（2004年）161頁。

関わる法令その他の規範の遵守を促進すること」をいうとされ,「事業活動に関わる法令等」は,①法令(組織が事業活動を行っていく上で,遵守することが求められる国内外の法律,命令,条令,規則等),②基準等(法令以外であって,組織の外部からの強制力をもって遵守が求められる規範。例えば,取引所の規則,会計基準等),③自社内外の行動規範(法令,基準等以外の規範で組織が遵守することを求められ,又は自主的に遵守することを決定したもの。例えば,組織の定款,その他の内部規程,業界等の行動規範等)から構成される,とされている。また,内部統制の4つの目的は,相互に密接に関連している,とされている。

コンプライアンスを企業倫理等も含めた法令等の遵守と解するならば,コンプライアンスは内部統制の目的であり,内部統制の他の目的(業務の有効性及び効率性,財務報告の信頼性及び資産の保全)と相互に密接に関連している関係にあるといえる。

なお,会社法において,明文で挙げられているのは,法令及び定款への適合性のみであるが,取締役の善管注意義務の具体的内容としての内部統制システム構築義務には,当然,法令や定款のほかに上記「②基準等」や,定款以外の「③自社内外の行動規範」の遵守も含まれると解される[41]。

4 法令上の内部統制

1 会社法上の内部統制

会社法上の内部統制システムを整備する義務は,取締役・執行役の善管注意義務の一内容として論じられている。なお,ここでいう「整備」には,ただ整備するだけでなく,整備して運用することまで含まれると解されている。取締役・執行役は会社と委任関係にあり(会社法330条),取締役・執行役は会社に対して,委任契約上の善管注意義務を負う。善管注意義務とは,「委任の本旨に従い,善良な管理者の注意をもって,委任事務を処理する義務」という言葉で

---

[41] 弥永真生『コンメンタール会社法施行規則・電子公告規則』商事法務(2007年)561頁参照。

規定されている（民法644条）。

　取締役・執行役は，それぞれ善管注意義務の一内容として内部統制システムを整備する義務を負っているが，その内容は，取締役・執行役の地位，会社の規模，機関設計によって異なっている。

　まず，代表取締役・代表執行役は，業務の執行として，内部統制システムを整備し，適正に運用する義務を負い，他の取締役は，代表取締役・代表執行役が内部統制システムを整備する義務を履行しているかを監視する義務を負っている。

　また，大会社の場合，取締役会非設置会社は取締役（取締役が2人以上いるときは取締役の過半数）が，取締役会設置会社においては取締役会が，内部統制システムに関する事項を決定する義務を負っている（会社法348条4項，362条5項）。さらに，委員会設置会社は，会社の規模に関わらず，内部統制システムに関する事項を取締役会で決定する義務を負っている（会社法416条2項）。

　内部統制システムに関する事項は，会社法及び会社法施行規則で定められているが，法律に規定された事項についてのみ取締役会等で決定し，決定された事項だけを代表取締役・代表執行役が整備すれば足りるかといえば，必ずしもそうとはいえないであろう。内部統制システムは実際に機能しなければならず，モニタリング体制やリスク管理体制等を具体的に整備しなければならないことから，善管注意義務の一内容としての内部統制システム整備義務は，会社法及び会社法施行規則に挙げられた事項にとどまらず，会社の規模や業種，資産の状況等に応じて，適正な内部統制システムを整備する義務をも内容とするものといえる。

　会社法においては，株式会社の業務の適正を確保するために必要な体制として，業務全般にわたって，内部統制システムを整備することが求められているといえる。

　内部統制システムの整備に関しては，少なくとも大会社においては，その内容を取締役又は取締役会が決定する義務を負っている。他方で，委員会設置会社は規模に関わらず取締役会が決定する義務を負っている。したがって，内部

統制システムの整備義務は大会社にだけ課されるものとはいえない。また，会社法上，株式の譲渡制限を設けている会社であっても大会社であれば内部統制システムの整備義務が課されるのであり，株式の公開性により区別されるものでもない。会社法が内部統制システムとして掲げる体制にも，会社の規模によらず当然に整備すべき体制と，規模が大きくなってこそより必要となってくる体制があると考えられる。結局，内部統制システムの整備義務は，潜在的にはすべての会社の取締役・執行役に課せられており，会社の規模や状況などに応じて，内容が異なってくると考えるのが自然であろう。したがって，会社法上の内部統制システム構築義務の適用対象は，ある程度の規模の会社を想定はしているが，すべての株式会社であると考えられる。

会社法上の内部統制（内部統制システム）は，大会社及び委員会設置会社においてはその基本方針を取締役（の過半数）又は取締役会で決定する義務が課され（会社法348条4項，362条5項，416条2項），取締役会の決定内容は事業報告に記載され（会社法435条・会社法施行規則118条2号），監査役（監査委員会）の監査を経て（会社法436条2項2号），株主に開示されることになっている（会社法437条，438条）。また，監査役（監査委員会）は，取締役の職務執行の一環としての内部統制システムの整備状況を監査することになる（会社法381条，404条2項）。なお，会計監査人は，事業報告については監査をしない（会社法436条2項2号）。

2　金融商品取引法の内部統制

金融商品取引法は，旧証券取引法の情報開示制度の見直しの一環として，内部統制報告制度を導入し，財務計算に関する書類その他の情報の適正性を確保するために必要な体制について評価した内部統制報告書の提出を義務づけた（金融商品取引法24条の4の4）。この規制はあくまでも開示規制であって，内部統制の整備を直接義務づけるものではなく，財務報告に係る内部統制の整備を評価した報告書を経営者に作成させ開示させることにより，間接的に財務報告に係る内部統制の整備を促す形となっている。そして，内部統制報告書については，公認会計士又は監査法人の監査証明を受けることが義務づけられている

（金融商品取引法193条の2第2項）。

　金融商品取引法上は，内部統制を整備しないことが罰則の適用対象となるのではなく，重要な事項に虚偽の記載のあるものを提出した場合や内部統制報告書を提出しないことが罰則の適用対象となっている（金融商品取引法197条の2第5号6号，207条1項2号）。

　金融商品取引法の内部統制は，「会社の属する企業集団及び会社に係る財務計算に関する書類その他の情報の適正性を確保するために必要な」体制として規定されている。金融商品取引法における内部統制は，財務報告の適正性を確保するために必要な体制に限定されており，会社法の内部統制が広く業務全般を対象としているのと異なる。

　金融商品取引法の内部統制においても，会社法と同様に代表取締役・代表執行役は，取締役会が決定した基本方針に基づき内部統制を整備及び運用する役割と責任があるとされている。また，取締役会は，内部統制の整備及び運用に係る基本方針を決定するとともに，代表取締役・代表執行役による内部統制の整備及び運用に対して監督責任を有しているとされている。

　金融商品取引法の内部統制報告制度は，有価証券報告書の提出義務を負う会社のうち，株券等有価証券を上場し又は店頭登録している会社（以下「上場会社等」という。）（金融商品取引法24条の4の4第1項・金融商品取引法施行令4条の2の7第1項・金融商品取引法24条1項1号2号・金融商品取引法施行令3条）を対象としている。したがって，金融商品取引法の内部統制は，上場会社等のみに適用される。

　金融商品取引法では，経営者が財務報告に係る内部統制の整備を評価して作成した内部統制報告書を有価証券報告書とともに内閣総理大臣に提出し（金融商品取引法24条の4の4第1項），公認会計士又は監査法人の監査証明を受けることになる（金融商品取引法193条の2第2項）。

　金融商品取引法においては，監査人（公認会計士又は監査法人）は，経営者が内部統制を評価して作成した報告書を監査することになり，会社の内部統制の整備状況を直接監査するわけではない。

他方，監査役（監査委員）は，金融商品取引法の遵守体制を監査することから，財務報告に係る内部統制の整備状況及び経営者が作成する内部統制報告書の作成内容，作成状況も監査することになる。

第3章　会社法が求める内部統制

1　商法上の内部統制構築義務

1　大和銀行事件

　旧商法下においては，2002年5月22日成立の『商法等の一部を改正する法律』によって委員会等設置会社に関する規定が設けられるまで，内部統制の構築に関する規定はなく，会社法学における伝統的理解では，内部統制の問題は，経営者における自主的な経営活動の一環であって，どのような組織を構築するかは法の関知するところではないと考えられてきた[1]。

　このような流れを変えたのが著名な大和銀行事件判決[2]である。大和銀行事件判決は，取締役は善管注意義務の一内容として内部統制システムの構築義務を負うことを初めて示した。

【大和銀行事件判決の要点】

> ○　健全な会社経営を行うためには，リスク管理を欠かすことはできず，会社が営む事業の規模，特性等に応じたリスク管理体制（いわゆる内部統制システム）を整備することを要する。
> ○　リスク管理体制の大綱については，取締役会で決定することを要し，

---

1) 野村修也「変わるか日本の社会内部統制とコンプライアンス」『法学セミナー』537号（1999年）45頁。
2) 大阪地裁2000年9月20日判決，『判例時報』1721号3頁。

> 業務執行を担当する代表取締役及び業務執行取締役は、大綱を踏まえ、リスク管理体制を具体的に決定する職務を負う。
> ○ 取締役は、取締役会の構成員として、代表取締役及び業務担当取締役がリスク管理体制を構築すべき義務を履行しているか否かを監視する義務を負う。
> ○ 監査役は、取締役がリスク管理体制の整備を行っているか否かを監査すべき義務を負う。
> ○ 整備すべきリスク管理体制の内容は、様々な事件及び事故の蓄積によって進化・充実していくものであり、現時点で求められる水準をもって、判断基準とすることは相当ではない。
> ○ どのような内容のリスク管理体制を整備するかは経営判断の問題であり、会社経営の専門家である取締役に、広い裁量が与えられている。
> ○ 取締役は、善管注意義務の内容として、従業員が会社の業務を遂行する際に違法な行為に及ぶことを未然に防止し、会社全体として法令遵守経営を実現しなければならない。

　この大和銀行事件判決は、わが国で初めて取締役の内部統制システム構築義務を正面から認めた判決として重要な意義を持っている。この大和銀行事件判決を受け、取締役の善管注意義務の内容として内部統制システムの構築義務があることが認識され始めたと評価できるだろう。そして、その後も複数の株主代表訴訟において内部統制システムの構築義務違反が争点とされるに至ることとなる。

2　大和銀行事件の評価（経営判断の原則と信頼の原則）

　大和銀行事件判決が、取締役の善管注意義務の内容として内部統制システムの構築義務を正面から認めた点は画期的であったが、具体的に内部統制システムの構築義務違反が認定されたのは、ニューヨーク支店長であった取締役と検査部担当取締役、及びニューヨーク支店を往査した監査役に限定された。

このように内部統制システムの構築義務違反に基づく責任が，経営の意思決定を行う頭取や副頭取に及ばなかった原因は大きく以下の2点にあると考えられる。

まず大和銀行事件判決は，いかなる内部統制システムを構築するかは取締役に広い裁量が与えられているとし，その義務違反を審査する際にはいわゆる経営判断原則の適用があるとした。大和銀行事件において，原告側株主は，具体的な内部統制システムの構築義務違反として，フロントオフィスとバックオフィスの分離，証券取引業務とカストディ業務の分離をすべきであったのにこれを怠った，米国財務省証券の保管残高の確認方法について内在するリスクに応じた適切なシステムを構築すべきであるのにこれを怠ったとの主張を行ったが，具体的に不備が認定されたのは証券の保管残高の検査方法についてだけである。判決文からは，具体的な内部統制システムの構築義務違反の審査において，経営判断原則にしたがった審査を行ったか否か判然とはしないものの，経営判断原則が適用されることによって，その義務違反が認定されるケースが相当程度減少したものと考えられる。内部統制システムの構築義務違反の審査において，経営判断の原則が適用された場合，取締役が内部統制システムを構築するにあたり，その判断の前提となった事実の認識に重要かつ不注意な誤りがなく，構築された内部統制システムが特に不合理・不適切なものでない場合には，原則として任務懈怠の責任が問われることはない。

次に，大和銀行事件判決は，具体的な取締役の義務違反の有無を判断するに際して，いわゆる信頼の法理を採用した。頭取が個々の業務についてつぶさに監督することは不可能であり，各業務担当取締役にその担当業務の遂行を委ねることが許され，その業務執行の内容につき疑念を差し挟むべき特段の事情がない限り，監督義務懈怠の責任を負うことはないとした。ニューヨーク支店における財務省証券の保管残高の検査方法が不適切であったという内部統制システム上の瑕疵については，ニューヨーク支店長であった取締役，検査部担当取締役，及びニューヨーク支店を往査した監査役に限り知ることができた，としてその者らだけに任務懈怠責任を認めたものである。

確かに，取締役の善管注意義務違反も債務不履行責任の一種である以上，その義務違反の審査に際しては前提として内部統制システムの不備により会社に損害を与えることについての予見可能性が求められることとなろう。しかし，上記のとおり，内部統制システムの構築に際しては経営判断の原則が適用されるとした上で，その義務違反の前提として具体的な予見可能性を要求すると，巨大な組織を有する企業の取締役について，その義務違反を認定することは相当な困難を伴うこととなる。

大和銀行事件判決は，取締役の善管注意義務違反の一内容として内部統制システムの構築義務が存在することを認めたことについては画期的な判決であったが，その判断方法にしたがえば，取締役の善管注意義務違反を認定しうるケースは相当に限定されるのではないかと考えられる。

実際に，大和銀行事件判決以後の事件においても内部統制システムの構築義務を問題とする事件は複数存在するが，神戸製鋼所株主代表訴訟において裁判所が出した所見[3]を除き，実際に義務違反が認定された事件はない。たとえば，三菱商事事件[4]，ヤクルト本社事件判決[5]，ダスキン大肉まん事件判決[6]，雪印食品事件判決[7]等においても，内部統制システムの構築義務違反が問題とされたが，具体的な義務違反は認定されていない。

3 委員会等設置会社における内部統制システム構築義務

2002年5月22日成立の『商法等の一部を改正する法律』によって委員会等設置会社の規定が設けられ，委員会等設置会社においては，明文上，内部統制システムの構築が義務づけられた。

旧商法特例法の条文構造を簡単に紹介すると以下のとおりとなっている。すなわち，同法21条の7第1項において，委員会等設置会社の取締役会は，以下

---

3) 「神戸製鋼所の代表訴訟の和解」『旬刊商事法務』1626号（2002年）52頁。
4) 東京地裁2004年5月20日『資料版商事法務』244号185頁。
5) 東京地裁2004年12月16日『判例時報』1888号3頁。
6) 大阪地裁2004年12月22日『判例時報』1892号108頁。
7) 東京地裁2005年2月10日『判例時報』135頁。

の会社運営上の基本的事項を決定し，業務執行取締役の職務の執行を監督するものとされるのである。

> 経営の基本方針
> ○ 監査委員会の職務の遂行のために必要なものとして法務省令で定める事項
> ○ 執行役が数人ある場合における執行役の職務の分掌及び指揮命令関係その他の執行役の相互の関係に関する事項
> ○ 執行役が取締役会招集請求を行う場合に執行役から招集請求を受ける取締役

　同項2号を受け，旧商法施行規則193条において監査委員会の職務の遂行のために必要な事項が列挙された。同条に示された各要素は，以下の表に示すとおりであるが，これが委員会等設置会社における内部統制の構成要素であると考えられているものである。委員会等設置会社では，監査委員会の過半数が社外取締役である上に常勤の監査委員の設置が要求されていないため，取締役の職務執行に対する監査は，取締役会が会社内の内部統制システムを整備し，監査委員会が，当該内部統制システムが十分機能するかどうかを監視するとともに，当該内部統制システムを利用して監査に必要な情報を確保することによって行うことが想定された[8]。このように，委員会等設置会社では，監査委員会による監査の前提として内部統制システムが機能することが求められたため，旧商法施行規則193条において内部統制システムの構成要素が示されたものと考えられる。

【旧商法施行規則193条】

> ○ 委員会の職務を補助すべき使用人に関する事項
> ○ 前号の使用人の執行役からの独立性の確保に関する事項

---

8) 河本一郎『現代会社法（新訂第9版）』商事法務（2005年）579頁。

- ○ 執行役及び使用人が監査委員会に報告すべき事項その他の監査委員会に対する報告に関する事項
- ○ 執行役の職務の執行に係る情報の保存及び管理に関する事項
- ○ 損失の危険の管理に関する規程その他の体制に関する事項
- ○ 執行役の職務の執行が法令及び定款に適合し，かつ，効率的に行われることを確保するための体制に関するその他の事項

　旧商法施行規則193条の内容については，まず6号が最も基本的な執行役の職務の適法性，効率性を定め，それを具体化する各要素が1号から5号において示されている。この規定は，会社法346条3項，会社法施行規則98条等においてもその内容が踏襲されており，具体的な内容に関しては後述のとおりであるのでそれを参照されたい。

　このように旧商法下においては，委員会等設置会社においてのみ内部統制システムの構築義務が明文上規定されるという若干いびつな法体系となっていたが，旧商法施行規則193条の各要素は，企業が必要とする内部統制システムの各要素を一般的に示したものであるから，その趣旨は監査役設置会社においても参考にされるべきであると考えられてきた[9]。そして，実際にも同条の内容を踏襲するかたちで会社法の内部統制システムの構成要素が示されている。

② 会社法上の内部統制構築義務

　会社法では，委員会設置会社及び委員会設置会社以外のすべての大会社について，取締役（あるいは執行役）の職務の執行が法令及び定款に適合することを確保するための体制その他株式会社の業務の適正を確保するために必要なものとして法務省令で定める体制の整備の決定をしなければならないとされ（会社法362条5項，348条4項，416条2項），内部統制システムの構築が義務づけられた。

---

[9] 森本滋・岩原伸作・始関正光・武井一浩「平成14年商法改正と経営機構改革(中)」『旬刊商事法務』1652号11頁。

1 監査役設置会社における内部統制システムの構成要素

　具体的な内部統制システムの構成要素は，取締役の法令遵守体制は会社法でそれ以外は法務省令において定めるものとされ，監査役設置会社については，会社法施行規則100条において以下のとおり定められている。

【監査役設置会社の決議事項】

> ○　取締役の職務の執行が法令及び定款に適合することを確保するための体制
> ○　業務の適正を確保するために必要な体制の整備として
> 　①　取締役の職務の執行に係る情報の保存及び管理に関する体制
> 　②　損失の危険の管理に関する規定その他の体制
> 　③　取締役の職務の執行が効率的に行われることを確保するための体制
> 　④　使用人の職務の執行が法令及び定款に適合することを確保するための体制
> 　⑤　当該株式会社並びにその親会社及び子会社からなる企業集団における業務の適正を確保するための体制
> 　⑥　監査役がその職務を補助すべき使用人を置くことを求めた場合における当該使用人に関する事項
> 　⑦　前号の取締役及び使用人の取締役からの独立性に関する事項
> 　⑧　取締役及び使用人が監査役に報告をするための体制その他の監査役への報告に関する体制
> 　⑨　その他監査役の監査が実効的に行われることを確保するための体制

　上記の会社法施行規則100条の各要素は，上記のとおり，2005年改正前商法特例法21条の7及びこれを受けて定められた2006年改正前商法施行規則193条を踏襲したものである。同規則と比較すると，④，⑤，及び⑨の要素が追加されている。④に関しては，大和銀行事件判決においても指摘されていた要素であり，法令遵守体制を構築するに当たって当然に要請される最も基本的な要素である。旧商法施行規則193条では，この点の記載がなかったが，会社法におい

て補完されている。また，⑤に関しては，近年，企業集団単位での規制の必要性が高まったこと，さらに，⑨は監査役会の職務の執行のために必要な事項として①ないし③だけでは不十分であることから加えられたものである。

また，⑥についても「職務を補助すべき使用人を置くことを『求めた場合』」とされ，旧商法施行規則193条と比較すると若干表現が修正されている。これは監査役が業務執行機関ではなく，その外部の機関であることに起因した相違点である。すなわち，監査役は，業務執行機関の外部の機関であるから当然には執行機関内の使用人を使用することができないとも考えられる。そこで，監査役の場合は，「補助すべき使用人を置くことを求めた場合」との表現となっているのである[10]。

2 委員会設置会社における内部統制システムの構成要素

次に，委員会設置会社において求められる決議事項は以下のとおりである（会社法416条2項，会社法施行規則112条）。

この規則も旧商法施行規則193条を踏襲したものである。同規則と比較する

【委員会設置会社の決議事項】

- ○ 執行役の職務の執行が法令及び定款に適合することを確保するための体制
- ○ 業務の適正を確保するために必要な体制の整備として
  - ・執行役の職務の執行に係る情報の保存及び管理に関する体制
  - ・損失の危険の管理に関する規定その他の体制
  - ・執行役の職務の執行が効率的に行われることを確保するための体制
  - ・使用人の職務の執行が法令及び定款に適合することを確保するための体制
  - ・当該株式会社並びにその親会社及び子会社からなる企業集団における

---

10) 小舘浩樹・山神理，戸倉圭太「会社法における内部統制システムの構築」『旬刊商事法務』1760号（2006年）46頁。

業務の適正を確保するための体制
　○　監査委員会の職務の執行のため必要な事項として
　・監査委員会の職務を補助すべき取締役及び使用人に関する事項
　・前号の取締役及び使用人の取締役からの独立性に関する事項
　・執行役及び使用人が監査委員会に報告をするための体制その他の監査委員会への報告に関する体制
　・その他監査委員会の監査が実効的に行われることを確保するための体制

と，監査役設置会社の場合について指摘した事項に加え，委員会設置会社では，監査委員会の職務を補助すべき者として使用人だけでなく取締役が加えられたという変更点がある。これは，監査委員の情報収集の便宜及び監査委員会，報酬委員会及び指名委員会間の情報の共有に寄与することを職務とする取締役が必要とされる場合があることを想定して設けられたものであるとされている[11]。

　会社法上の委員会設置会社における内部統制システムに係る決議事項は，上記のとおり旧商法における決議事項から若干の変更はあるものの，基本的にはこれを踏襲しているものと評価できる。

3　内部統制システムの決定義務

　具体的な決定内容については項を改め解説するが，会社法362条5項，348条4項，416条2項はどのレベルの決定をすべきかについては具体的な要求をしてはいない。内部統制システムの決定義務は，あくまで基本方針の決議義務であり，「体制の整備」に係る事項なので，目標設定，目標達成のために必要な内部組織およびその権限，内部組織間の連絡方法，是正すべき事実が生じた場合の是正方法等に関する重要な事項（要綱・大綱）を決定すれば十分であり，個々的な事実等を必ずしも取締役会で決定する必要はないと解されている[12]。また，

---

[11]　相澤哲・石井祐介「新会社法関係法務省令の解説(3)株主総会以外の機関」『旬刊商事法務』1761号（2006年）16頁。

決定義務を果たしておけばその内容の当否は問われないと考えられている。

しかし，この決定義務を果たしたとしても，その決定内容が当該会社の規模や業務内容に鑑みて業務の適正を確保するために不十分な内容でありそれにより会社が損害を被った場合には，その体制の決定に関与した取締役は善管注意義務違反になりうる。また，監査役，監査委員は，内部統制に係る決議内容が相当でないと認めるときは，その旨及びその理由を監査報告書に記載して報告しなければならない（会社法施行規則129条1項5号，130条2項2号，及び131条1項2号）。

また，内部統制システムの内容自体は適切な内容であったが，その内部統制システムが実際に遵守されておらず，取締役がそれを長期間放置しているような場合にも，取締役は善管注意義務に基づく任務懈怠責任を問われる可能性がある[13]。

この決定義務は，一度，取締役会で決議すれば，その決定を取り消さない限り，決定義務に違反することはない。しかし，決定内容が十分に機能していないにもかかわらずそれを放置し続けて会社に損害が発生すれば善管注意義務違反が問題となる可能性がある。そのため，決定内容が十分な内容か否かについては，必要に応じて，例えば事業年度ごとに確認し，仮に不十分な内容であると判断される場合には十分な内容のものに改定すべきであるし，事件，事故が発生した場合には検証する必要がある。

4　内部統制システムの開示義務

内部統制システムの各要素について決定された内容は事業報告で開示される（会社法施行規則129条1項5号，130条2項2号，及び131条1項2号）。この開示義務については，ホームページによる開示も可能である（会社法施行規則133条3項）。これは経営陣が株主に対し事業報告の際に「定期報告」として，取締役の法令定款遵守体制及び業務の適正確保の体制に関する大綱を開示し，監査役あるい

---

12)　相澤哲ほか編著『論点解説　新・会社法』商事法務（2006年）335頁。
13)　相澤ほか『前掲書』333－335頁。

は監査委員から監査を受け，そのうえで株主総会において株主からの監視・監督を受けることにより，企業不祥事（損害）の発生防止並びに経営効率化を実現しようとするものである。

5 内部統制システムの各要素の決定内容

会社法が要求する内部統制システムの各要素についての決議事項は，監査役設置会社と委員会設置会社とで分けて規定されているが（監査役設置会社については会社法348条3項4号，362条4項6号，会社法施行規則98条，100条），その内容はほとんどが共通するものである。そこで，まず監査役設置会社及び委員会設置会社の両社に共通する事項についての解説を行った後に，委員会設置会社の特徴について触れることとする。

(1) 業務の適正を確保するために必要な体制の整備

① 取締役（執行役）の職務の執行が法令，定款に適合することを確保するための体制（会社法348条3項4号・362条4項6号・416条1項1号ホ）

取締役（執行役）の法令遵守体制である。この①以外は，「その他株式会社の業務の適正を確保するために必要なものとして法務省令で定める体制」の整備として会社法施行規則に定められている。取締役（執行役）の法令遵守体制の整備は，取締役（執行役）の善管注意義務の内容そのものであることから会社法で明記されているものであろう。

経営者が使用人の法令遵守体制の強化ばかりして，自身の法令遵守体制に無頓着となっては本末転倒のそしりを免れない。また，取締役（執行役）自身の法令・定款違反の場合には信頼の抗弁の適用もなく，善管注意義務違反に伴う損害賠償義務を負担しなければならなくなる危険性が相当程度高くなることにも注意が必要である。

② 取締役（執行役）の職務の執行に係る情報の保存及び管理に関する体制（会社法施行規則98条1項1号・100条1項1号・112条2項1号）

取締役（執行役）の職務の執行状況を監査役が事後的に監査する際に，当該情報へのアクセスを確保するため，情報の保存管理体制の整備と構築を求める

規定である。まず，文書管理規定等において，取締役（執行役）自身の業務執行だけでなく，監督機関としての職務，使用人（部長・課長等）を用いた場合の使用人の職務執行に関する情報についても保存・管理体制をどのように構築するかを検討すべきである。たとえば，稟議書や取締役会議事録，社内の実質的な意思決定機関の議事録等の重要文書の作成方法や保存方法の検討が考えられる。この保存期間については，法令の定めがある場合はそれにしたがうことはもとより，株主代表訴訟のリスクがある場合は10年とするとか，情報の必要性に応じた保存期間の設定を考えるべきである。

　管理についても各部署が文書を管理するのか，文書管理課が一括管理するのか等の問題がある。また，デジタル情報で保存すれば保存場所のコストは縮減できるが，現実問題として行為後何年も経過し担当者も交代した場合は，迅速な検索が可能かといった問題がある。他方で，紙媒体で文書表示を明確にして保存すれば年数が経過しても検索は数日で可能と思われるが，保存場所のコストがかかる。しかし，会社法は株主代表訴訟の際の株主からの不提訴理由通知制度（会社法施行規則218条）を創設した。これにより，提訴請求をした株主は監査役の不提訴が確定した後（提訴請求到達後60日後）に取締役（執行役）の責任の有無，その調査内容等の通知を要求することが予想される。提訴請求到達後60日後という短期間に不提訴理由の通知を余儀なくされ，それが株主代表訴訟の証拠として利用されることを考えると，情報の検索について時間を浪費することは得策ではない。したがって，株主代表訴訟のリスクのある情報を選別し，そのリスクがある情報については将来の訴訟対策の観点から，情報保存コストよりも情報の信頼性や情報検索の確実性・迅速性に重きを置いて，紙媒体による保存・管理体制を構築するということも考えられる。

③　損失の危険の管理に関する規定その他の体制（会社法施行規則98条1項2号・100条1項2号・112条2項2号）

　会社におけるリスク管理体制の構築を求める項目である。リスク管理規定の制定・リスク管理部門の設置・リスク・マネジメント委員会の設置等が考えられる。

次に，具体的にリスク管理規定を制定し適用する際の視点を検討する。

リスク管理体制とは，リスクに対しヒト・モノ・カネ・情報・時間といった経営資源を投入し，リスクの発生（リスクの現実化）と損害額をコントロールする体制のことを意味する。そこで，まず潜在するリスクを洗い出し，そのリスクの発生可能性，リスクコントロール可能性，リスクが顕在化した場合の損害の程度を理解し，どの程度の経営資源を投入して対応するかの方針を決定する必要がある。また，リスクは法令の改正や企業が取り組む事業内容によって変化するものであることから，定期的にリスク管理体制を見直す必要がある。

また，確実にいえることは，リスク発生可能性を完全に防止することは不可能なので，リスクが発生し，それにより会社に損害が発生することを前提にしながら，それでも会社が大きなダメージを受けずに経営することができるような体制を構築することが重要であろう。

④　取締役（執行役）の職務の執行が効率的に行われることを確保するための体制（会社法施行規則98条1項3号・100条1項3号・112条2項3号）

会社法における内部統制は「業務の適正を確保するための体制」の整備である。会社法施行規則に「業務の効率性」が含まれているということは，「業務の適正」の中に効率性が含まれるということを示している。

決議の際には，取締役（執行役）だけではなく使用人の職務の執行の効率性も考える必要がある。その観点から，取締役（執行役）・使用人の役割の分担，職務分掌，指揮命令系統等をどのように定めるのか，それによりどのように「職務執行の効率」を実現すべきか等を検討すべきである。

例えば，職務分掌規定，決裁規定等の制定・整備，業務の合理化向上を目的とする社内委員会の設置，業務の合理化のための社内文書の電子化等も検討課題になる（社内文書の電子化については情報の保存・管理を参照）。

その他として，取締役会等各種会議のテレビ会議システムの導入も検討してもよい。例えば，取締役会は，参加者全員がリアルタイムで情報を相互に発信・受信できれば，物理的にその取締役会の「会議室」にいなくても「取締役会」に出席したことになる（会社法施行規則101条3項1号）。このテレビ会議シス

テムによる取締役会を開催すると，海外に常駐している取締役も簡単に取締役会に出席できる。

また，取締役以外の執行役員制度の導入等も，取締役会のスリム化によるコアなメンバーによる実質的な討議の深化，取締役会の決定事項について重要な使用人である執行役員が業務執行を広範な裁量権のもとで行うことによる経営の合理化・スピードアップ化というメリットをもたらす。ただ，執行役員は多義的で，取締役兼務の意味で用いられる場合もあれば，非取締役であっても委任型・従業員型もあるので，どのタイプの執行役員制度を検討するのかを明確にしなければならない。

その他として，常務会・経営会議制度，任意の諮問機関として取締役の報酬の適正を担保するための報酬委員会の設置などもこの効率性の構築の中で考えることができる。

⑤ 使用人の職務の執行が法令及び定款に適合することを確保するための体制
（会社法施行規則98条1項4号・100条1項4号・112条2項4号）

会社の業務が適法になされるためには，代表取締役，業務執行取締役が法令及び定款を遵守するだけではなく，それらの者の指揮，命令を受けて行動する使用人もまた法令及び定款を遵守しなければならない。内部統制システムは，いかにして使用人に法令及び定款を遵守させるかの問題であり，そのシステムの構築が内部統制システムにおいては最も重要であると言える。重大な法令違反は企業存亡のリスクすら発生させる。

では，取締役（執行役）及び使用人の法令遵守体制を確立するにはどうすべきか。

これについては，内部監査部門・コンプライアンス室・コンプライアンス委員会の設置，コンプライアンス規程・行動規範・倫理規定の制定・法令遵守マニュアル・コンプライアンス規程等に関する研修体制の整備といったことが考えられる。また，実践的には次のような対応を検討すべきであろう。

第1には，当該企業活動に関連する法令の洗い出し作業である。近時の事例を見ると食品会社におけるJAS法違反など，業法に反する営業を行っている例

が見られる。会社が特定の事業を営む際にその業法を遵守することは不可欠であり，業規制を正確に把握することが必要不可欠である。そして，どの法令が会社にとって重大なリスクとなり，その法令に違反するのはたとえばこういう場合だというケースが具体的に予想できれば，それに対してどのような予防措置を講ずべきかが自ずと判明する。

　第2には，典型的な法令違反行為を確認し，それに対する予防措置を講じることである。当該企業に発生するかもしれない「典型的な」法令違反事例を想定し，それに対する対策を講じるだけで，法令違反体制の確立にとって相当な効果がある。陥りやすい法令違反とその対応策を講じるだけで相当程度の法令違反を防止することが可能になる。また，自社若しくは他社の法令違反の事例を収集し，その原因・当該企業への影響度・対応策（一つとは限らない。）を検討する。そして，その検討結果を踏まえて，当該企業にとり実現可能で，かつ，実効性のある対応策を探し出し，それを前提に取締役（執行役）及び使用人の法令遵守マニュアルを作成する。そして，制定した法令遵守マニュアルを確実に運用できるよう周知，徹底することが有効な対策となる。

　第3には，法令違反行為が発見された場合の通常の連絡ルートと緊急時（クライシス）の連絡ルート（クライシス・マネジメント）の2本の連絡ルートを定めることである。法令違反が発見された場合の初期対応のマニュアル（どの役職の者がどこまで対応し，トップには誰がどの時点でどこまで報告し，通常のリスクとは異なる場合に誰がクライシスと判断し，クライシス対応に移行するのか等を定めるマニュアル），クライシスの場合の危機対応方法（クライシス・マネジメント・マニュアル），危機管理広報のマニュアル（広報の対応の是非はしばしば企業の明暗を分けるほど重要である。）等を定めることも考えられる。

　なお，法令違反を発見した（報告を受けた。）のに，それに対し何も対応策を講じない場合は，単なる法令違反という第一次問題の他に，その違法行為を放置したという意味で第二次問題に発展する可能性がある。そして，近時の傾向をみると，第二次問題の方が社会から重大問題と認識されやすい傾向にある。そこで，法令遵守体制の構築の際には，法令違反が発見された場合に具体的に

どのような対処方法・是正方法を講じて第二次問題の発生を防止するかという観点を看過してはならない。

第4には，公益通報者保護法に対応した社内通報制度を構築し，社内通報規程を制定することである。どのような会社にも必ず問題は生ずるのだから，それを自ら解決する自浄能力・問題解決能力を備える必要がある。会社内で問題が生じた場合，通常であれば部下は上司に問題を報告し，最終的には経営者に問題が生じたことが伝達される。しかし，時に発生した問題に利害関係を有する人物がその情報の伝達を断つことが考えられる。そのようなリスクはどの会社においても内在することである。そこで，社内通報制度が必要とされているのである。

また，社内通報制度の整備がなされていない場合，公益通報者保護法が定める社内から外部の監督官庁あるいは第三者機関に対する通報要件を充足する可能性が高まり，社内の不祥事について外部者から指摘されるという事態に発展しかねない。その意味においても社内通報制度を整備する必要性は高まっている。

⑥ 当該株式会社並びにその親会社及び子会社からなる企業集団における業務の適正を確保するための体制（会社法施行規則98条1項5号・100条1項5号・112条2項5号）

会社法は当該株式会社並びにその親会社及び子会社から成る企業集団における業務の適正を確保するための体制も要求している。なお，子会社に該当するか否かについては，旧商法下では50％を超える議決権を保有しているか否かにより形式的に判断されていたが，会社法では，当該会社の財務及び事業の方針の決定が支配されているか否かにより実質的に判断されることとなったことに注意を要する（会社法施行規則3条1項）。

企業集団単位での活動の重要性が高まっている状況下において，たとえば子会社の法令違反行為について，親会社が全く対応しないということでは済まされない。そういう観点から法的にも企業集団全体における業務の適正の確保として，①子会社は自社で不正行為をしてはならない，②親会社は子会社に不正

行為をさせてはならない（親会社は子会社を通じて不正行為をしてはならない。），③子会社は親会社から不正行為を求められても不正行為を防止しなければならない，ということが要求されている。

特に，親会社が子会社に対し不当な活動を要求し，いわば親会社では実行しにくいことを親会社よりも監視の目が緩やかな子会社を通じて行う類型の企業不祥事は企業集団内では発生しやすいので，それへの対応策は怠りなきようにしなければならない。

そのためには，法令遵守マニュアル・コンプライアンス規程を親会社だけに適用するのでは不十分である。企業集団全体に対し適用しなければならない。また，企業集団内で情報と人事の交換を密にして，「ヒトと情報」をガラス張りにして，「カネとモノ」の不適切な取り扱いを未然に防止することが必要である。そうすることで，仮に事故が起きても早期に発見できる体制を構築することができる。

企業集団を対象とするグループ・コンプライアンス担当役員の任命，グループ・コンプライアンス部署の設置，グループ・コンプライアンス憲章・グループ行動憲章の制定，企業集団全体を対象とするコンプライアンスプログラム・コンプライアンス規程・コンプライアンスマニュアルの制定，それらの理解のための研修等も重要である。

また，企業集団全体のリスク管理も必要である。たとえ，親会社のリスク管理が充実していても子会社のリスク管理が不十分なため，子会社で重大なリスクが顕在化してしまい，その結果として親会社の連結決算が一気に悪化してしまうようでは問題がある。

(2) **監査役の職務の執行のために必要な事項**

ここでは監査役（会）を補助する体制の整備が問題となるが，ここで検討すべき事項は本来，監査役（会）が判断すべき事項であるから，取締役会が監査役（会）の意見を聞かずに一方的に取締役会だけで決定することは好ましくない。監査役（会）が方針を定め，取締役会がそれを前提にして決定するか，取締役会が決定の前に監査役（会）と十分に事前協議を行い，監査役（会）の了承を得

る，あるいは意見を聞いた上で決定すべきである。

① 監査役がその職務を補助すべき使用人（補助使用人）を置くことを求めた場合における当該使用人に関する事項（会社法施行規則98条4項1号・100条4項1号）

　ここで決議すべき事項は，1）監査役が補助使用人を求めた場合に，補助使用人を置くのか否か，2）監査役専属の補助使用人を置くのか，他の部署と兼務か，3）補助使用人の人数や地位等が考えられる。

　監査役は自らの職務として，取締役の内部統制システムがしっかり構築されているか，しっかり運用されているかを監査する義務がある。取締役の内部統制システムの構築と運用を監査する義務があり，その義務を果たすために，もしも監査役だけでその職務を果たすことができなければ補助使用人を求める必要がある。大規模な会社であれば，この補助使用人は大抵必要になると思われる。ただし，監査役は法的な立場として自らが独立してその監査を行うと考えられているので，補助使用人を必ず必要とすると言っているわけではない。

　監査役としては，自らの職責を全うするためには，やはり補助使用人は必要である場合が多い。そうした場合に，取締役会は補助使用人を認めるのかどうか，その補助使用人の人数とか地位をどうするのか，補助使用人は専属の立場として監査役をサポートするのか，他の部署，例えば総務部や経理部などと兼任なのかといったようなことも問題になる可能性がある。

　なお，監査役が補助使用人を用いなければ十分な監査ができない場合において，監査役が補助使用人を求めなかったが故に不十分な監査しかできなかった場合には，その責任は原則として監査役が負う。逆に，監査役が補助使用人を求めたのに，取締役会が不要と判断した場合には，それにより十分な監査ができなかったことに対する任務懈怠責任は原則として取締役が負うことになる。

② 補助使用人の取締役からの独立性に関する事項（会社法施行規則98条4項2号・100条4項2号）

　補助使用人の報酬や人事などを保証しなければ，補助使用人は安心して働くことができない。それは監査役の任務の遂行に直接的に影響する。そのために

補助使用人の独立性をどのように考えるのかという問題である。これについては，たとえば補助使用人についての報酬の減少とか人事異動については監査役会の同意を求めるとか，同意まではいかないとしても監査役会に事前に報告するようにする。そして監査役が不当であると思えば，監査役会が取締役の職務執行として，そのような補助使用人の人事異動や報酬の問題が適正かどうかを監査するという体制で補助使用人の地位を保証することも考えられる。

③ 取締役及び使用人が監査役に報告をするための体制その他の監査役への報告に関する体制（会社法施行規則98条4項3号・100条4項3号）

監査役が情報を受け取ることができなければ適切な監査はできない。監査役は取締役会に出席しているので，取締役会で検討された事項については情報を入手できる。しかし一般的に監査役は，取締役会で出された情報以外については社内の情報にアクセスするルートがない。そこで，社内に問題が生じた場合にそのことについての情報を監査役にどのように報告するかは重要問題であり，例えば従業員等は直接に，監査役に報告する体制にするのか，従業員等が取締役を経由して監査役に報告を行う体制にするのか，どういう報告ルートをとるか検討することも考えられる。さらに，どういう事項を報告の対象にするのかも検討してもよいであろう。取締役は，株式会社に著しい損害を及ぼすおそれのある事実があることを発見したときは監査役会に報告しなければならない。会社法357条2項1号等の関係で，どういう事項を報告の対象にするのかを明確にすることも考えてよい。また，前述したヘルプライン，社内通報制度受付窓口などに寄せられた情報について監査役がどのように情報入手するかも検討してよいであろう。

④ その他監査役の監査が実効的に行われることを確保するための体制（会社法施行規則98条4項4号・100条4項4号）

会社法が掲げている取締役の法令遵守体制および会社法施行規則に掲げられている事項以外で，監査役の監査が実効的に行われることを確保するための体制であればここで決議することができる。

これはコーポレート・ガバナンスの高まりとともに大企業における監査の役

割が高まってきたからに他ならない。監査役がしっかりと取締役の職務の執行を監査・モニタリングするからこそ取締役は適正な活動ができる。ステークホルダー，特に機関投資家は，監査役に対しそのような役割を求めているのである。

では，具体的にどのようなことを検討したらいいか。

最近の実務においては監査役会のためだけに活動する弁護士との顧問契約を締結する企業が増えている。これは，監査役会が取締役の職務の適法・違法について業務執行側の弁護士に相談するのでは監査役会の動きが萎縮することを理由とするものであろう。そこで，監査役会は，必要に応じて，弁護士・公認会計士等の外部専門家と連携をとることができることを決議したり，監査役会が顧問弁護士と契約していることを決議することを考えても良い。

6　委員会設置会社における各要素の決定内容

委員会設置会社は，米国型の監査方式を採用したガバナンス体系であることから，内部統制の基本方針に関する決議事項も「監査委員会の職務の執行のため必要なものとして法務省令で定める事項」を受けた会社法施行規則112条1項のうち1号及び3号について若干の相違点があるが，会社法において求められている各事項の内容はその大部分において異なることはない。以下，相違点についてのみ，簡潔に触れることとする。

① 　監査委員会の職務を補助すべき取締役及び使用人に関する事項（会社法施行規則112条1項1号）

監査委員会の職務を補助すべき者について，委員会設置会社の場合には使用人だけでなく取締役も挙げられている。これは，監査委員の情報収集の便宜，並びに監査委員会，報酬委員会及び指名委員会において情報の共有に寄与することを職務とする取締役が必要とされる場合があることを想定して置かれたものである[14]。監査委員の半数は社外監査役でなければならず（会社法400条3項），

14）　相澤・石井「前掲論文」16頁。

しかも，委員会設置会社においては常勤の監査委員を置くことが法律上も要求されていないため，監査委員会における監査を実効的なものとするためには，情報の収集手段を強化する必要があると考えられ，特に補助すべき取締役に関する事項が追加されている（会社法405条等）。

決定事項に関しては，監査役設置会社の場合と同様に監査委員会の職務を補助すべき使用人あるいは取締役を置くか否か，またその使用人を常勤とするか，また具体的な補助すべき内容等を決定することとなろう。

② 執行役及び使用人が監査委員会に報告をするための体制その他の監査委員会への報告に関する体制（会社法施行規則112条1項3号）

監査委員は，監査役とは異なり取締役であり業務執行機関外の機関であるわけではない。その点では監査委員は業務執行に関する情報にアクセスしやすいとも言えるが，監査委員については，必ずしも常勤の監査委員を置くことが求められているわけではなく，業務執行に関する情報を常に確保できる体制が整えられているわけではない。そこで，執行役及び使用人が監査委員会に報告をするための体制その他の監査委員会への報告に関する体制を定めるものとされたものである。

決議内容としては，監査役設置会社の場合と大きな差異はないと考えられるが，報告事項の範囲を限定してしまい，重要な情報が監査委員会に報告されなくなるという事態とならないよう配慮する必要がある。

7　内部統制システムの基本方針を決定することによる効果

大和銀行事件判決の評価において指摘したように，旧商法下においては，内部統制システムの構築義務は取締役の善管注意義務の一内容であると考えられてきたが，実際にどのような内部統制システムを構築するかは取締役の広い裁量に委ねられ，また，その義務違反の審査においては信頼の原則が適用されてきた。

しかし，会社法における内部統制システムの各項目について基本方針を決議することによって従来とは異なった効果が生じる可能性がある。

まず，内部統制システムの構築に関する取締役の裁量が減縮する可能性がある。すなわち，内部統制の基本方針を決議した以上，取締役の裁量も当該基本方針の範囲内においてのみ認められるのであり，基本方針を逸脱した内部統制システムを構築することは許されなくなる。また，内部統制システムに関する基本方針を決定していながら，その決定にしたがった内部統制システムを構築しない場合には，任務懈怠として，比較的容易に取締役の善管注意義務違反が認められることとなろう。なぜなら，取締役会が内部統制システムの基本方針を決定したことによって，担当の業務執行取締役（執行役）には具体的な内部統制システムの構築義務が生じることとなると考えられるからである。

さらに，信頼の原則の適用範囲が減縮する可能性もある。取締役は，会社法が要求する各項目を決議するに当たって，自社の状況を十分に調査し，確認しなければならない。社内の内部統制システムについての十分な調査・確認後に各項目の決定がなされているはずであるから，決定事項を原因として会社に損害が発生した場合には，取締役の予見可能性がなかったとは評価できないケースが出てくることが考えられる。

このように会社法が求める各項目についての基本方針を決定することによって，経営判断の原則及び信頼の原則の適用が限定される場合には，具体的な内部統制システムの構築義務についての任務懈怠責任が認められるケースも増加することが考えられる。

さらに，ある会社が必要とする内部統制システムの内容は，その会社の規模や事業内容，また，法律の改正などによっても異なるし，様々な事件事故の経験の蓄積とリスク管理に関する研究の進展によって標準的に必要とされる内部統制システムの内容も進化していくものである。したがって，一度決議した基本方針も経営環境の変化に応じて適宜見直すことが必要となる。

第4章　金融商品取引法が求める内部統制

1　従来の内部統制に関する制度の概要

　金融商品取引法によって内部統制に関する制度が導入される以前からも，内部統制に関しては，一定の制度が存在していた。本項では，旧証券取引法に基づく制度，取引所の自主規制に基づく制度及び金融庁の監督に関する制度の概要を説明する。なお，旧商法特例法及び会社法に基づく制度については，第3章の解説を参照されたい。

1　旧証券取引法に基づく制度
(1)　有価証券報告書等におけるガバナンス関連情報の開示
　2003年の証券取引法等の改正以前は，有価証券報告書等において，ガバナンス関連情報としては，役員に関する一定の事項が開示されていたが，必ずしも十分な情報が開示されていたとは言えず，特に内部統制に関しては，何ら開示がなされていなかった。

　2002年12月16日付の金融審議会第一部会報告「証券市場の改革促進」は，SOX法の制定等の国際的な動向を踏まえつつ，投資家保護及び有価証券の円滑な流通を図るため，ディスクロージャー制度の充実・強化を提言し，特に，コーポレート・ガバナンスに関する「ガバナンス関連情報」（内部統制システム，リスク管理体制，役員報酬等），「リスク情報」（特定の取引先への依存，重要な訴訟事件の発生等）及び「経営者による財務・経営成績の分析（MD&A）」（経営成績に

重要な影響を与える要因についての分析等）についての開示を充実させ，有価証券報告書等の記載内容の適正性に関する代表取締役の確認を行うことも容認する制度とすべきとする旨の報告を行った。

　この金融審議会第一部会報告を受けて，2003年3月31日に企業内容等の開示に関する内閣府令等の一部を改正する内閣府令（2003年内閣府令第28号）が公布され（2003年4月1日施行），また，2003年4月1日付で「企業内容等の開示に関する留意事項について」(以下「企業内容等開示ガイドライン」という。)が改正された。

　かかる改正により，有価証券届出書及び有価証券報告書の記載事項が追加され，①事業等のリスク，②財政状態及び経営成績の分析，③コーポレート・ガバナンスの状況について開示することが新たに義務づけられた。

　コーポレート・ガバナンスの状況については，提出会社の企業統治に関する事項（たとえば，会社の機関の内容，内部統制システムの整備の状況，リスク管理体制の整備の状況），役員報酬の内容（社内取締役と社外取締役に区分した内容），監査報酬の内容（監査契約に基づく監査証明に係る報酬とそれ以外の報酬に区分した内容）を記載することが要求されており，これによって，内部統制に関して，有価証券報告書等において一定の開示がなされることとなった（開示府令第3号様式記載上の注意31－2，第2号様式記載上の注意52－2）。

　2003年改正による開示事項の追加は，有価証券報告書については，2003年4月1日以後に開始する事業年度に係る有価証券報告書から義務化されたが，一部の企業は，2003年度中に提出された有価証券報告書においても，任意に追加事項の開示を行っている。

　さらに，2005年にも証券取引法等の改正が行われ，2005年3月31日に公布された企業内容等の開示に関する内閣府令等の一部を改正する内閣府令（2005年内閣府令第34号）及び2005年4月1日付の企業内容等開示ガイドラインの改正により，有価証券報告書等におけるガバナンス関連情報の開示の充実が図られている。

　これにより，コーポレート・ガバナンスの状況の項目に，新たに，①内部監査及び監査役（監査委員会）監査の組織，人員及び手続並びに内部監査，監査役

(監査委員会）監査及び会計監査の相互連携，②社外取締役及び社外監査役と提出会社との人的関係，資本的関係又は取引関係その他の利害関係，③業務を執行した公認会計士の氏名，所属する監査法人名及び提出会社の財務書類について連続して監査関連業務を行っている場合における監査年数（当該年数が7年を超える場合），監査業務に係る補助者の構成並びに監査証明を個人会計士が行っている場合の審査体制を記載することが義務づけられ，内部統制に関する開示もさらに充実することとなった。

　2005年改正による開示事項の追加は，有価証券報告書については，2005年3月31日以後に終了する事業年度に係る有価証券報告書から義務化されている。

　旧証券取引法が金融商品取引法に改正され，内部統制報告書制度が導入された後も，内部統制に関する事項を含むガバナンス関連情報の有価証券報告書等における開示は，金融商品取引法に基づく制度として存続している。

(2)　任意の確認書

　金融審議会第一部会報告を受けた，2003年の証券取引法等の改正では，有価証券報告書等における開示事項の充実とあわせて，任意の確認書制度が導入された。

　任意の確認書制度は，有価証券届出書，有価証券報告書及び半期報告書の記載内容について，代表者が記載内容の適正性を確認した旨の文書を有価証券報告書等に添付することを可能とするものである。

　かかる確認書には，①当該有価証券報告書，半期報告書又は有価証券届出書の記載内容が適正であることを確認した旨，②当該確認を行った記載内容の範囲が限定されている場合はその旨及びその理由，③当該確認を行うに当たり，財務諸表等が適正に作成されるシステムが機能していたかを確認した旨及びその内容，④当該確認について特記すべき事項を記載し，当該有価証券届出書に記載された事項が適正であると確認した代表者がその役職を表示して自署し，かつ，自己の印を押印するものとするものとされていた（企業内容等開示ガイドライン5－29－2）。

　確認書に虚偽記載がある場合，有価証券報告書等の本体についても虚偽記載

が成立することが通常であるが，財務諸表等が適正に作成されるシステムが機能していたかを確認した旨及びその内容については，有価証券報告書等には記載されていない確認書独自の内容であるため，この点についての虚偽記載については，有価証券報告書等の本体に関する虚偽記載とは別に，有価証券報告書等の添付書類の虚偽記載に関する民事責任及び刑事責任が問題となりうることとなる。

かかる確認書の制度は，2004年3月期の有価証券報告書から適用されるものとされたが，金融庁が主要行に対して2003年3月期の有価証券報告書から実施するように要請したことから，主要行は，2003年3月期の有価証券報告書から確認書を提出している。その後，確認書を提出する企業は増加したが，あくまで任意の制度であったため，2007年3月期の有価証券報告書の段階でも，銀行等の金融機関を除く事業会社については，確認書を提出しない企業が多数派であった。

旧証券取引法が金融商品取引法に改正され，金融商品取引法に基づく確認書制度が導入されたことに伴い，旧証券取引法に基づく任意の確認書制度は，廃止された。

2　取引所の自主規制に基づく制度

本項では，東京証券取引所が自主規制として導入した，内部統制に関する制度の概要を説明するが，大阪証券取引所，名古屋証券取引所，福岡証券取引所，札幌証券取引所及びジャスダック証券取引所においても，東京証券取引所の自主規制に類似した内容の内部統制に関する自主規制を導入している。

(1)　適時開示に係る宣誓書

東京証券取引所は，2004年11月16日付の「会社情報等に対する信頼向上のための上場制度の見直しについて」により，開示書類等の信頼性向上のため，適時開示に係る宣誓書及び有価証券報告書等の適正性に関する確認書を含む上場制度の見直しを公表し，これに基づいて，2005年1月1日付で，諸規則の改正が施行された。

第4章　金融商品取引法が求める内部統制　87

　適時開示に係る宣誓書は，上場有価証券の発行会社の代表者が，投資者への会社情報の適時適切な提供について真摯な姿勢で臨む旨を宣誓した「適時開示に係る宣誓書」を東京証券取引所に提出し，公衆縦覧に供するものである。

　適時開示に係る宣誓書は，「投資者への適時適切な会社情報の開示が健全な証券市場の根幹をなすものであることを十分に認識するとともに，常に投資者の視点に立った迅速，正確かつ公平な会社情報の開示を適切に行えるよう添付書類に記載した社内体制の充実に努めるなど，投資者への会社情報の適時適切な提供について真摯な姿勢で臨むこと」を宣誓するものであり，上場有価証券の発行者の代表者の自署が必要とされている。また，会社情報の適時開示に係る社内体制の状況を記載した書面を添付することが要求されている（上場有価証券の発行者の会社情報の適時開示等に関する規則4条の4，上場有価証券の発行者の会社情報の適時開示等に関する規則の取扱い4.の2）。なお，宣誓書で宣誓した事項について重大な違反を行った場合は，上場廃止基準に抵触することとなる（株券上場廃止基準2条1項12号）。

　適時開示に係る宣誓書は，①宣誓書に署名を行った代表者の変更があった場合，②前回の提出から5年間が経過した場合，③新規上場時に提出するものとされており，導入時に既に上場している企業については，最初の提出期限は2005年2月末とされた。

　上場制度総合整備プログラム対応及び組織体制の変更に伴い，東京証券取引所の業務規程が大幅に改正されており（2007年10月17日公表，同年11月1日施行），現在は，有価証券上場規程418条及び有価証券上場規程施行規則414条が適時開示に係る宣誓書の根拠条文となっている。

(2)　有価証券報告書等の適正性に関する確認書

　適時開示に係る宣誓書と同様，2005年1月1日に施行された改正規則によって提出が義務づけられた有価証券報告書等の適正性に関する確認書は，有価証券報告書及び半期報告書について，当該上場有価証券の発行者の代表者が，不実の記載がないと認識している旨及びその理由を記載した書面（有価証券報告書等の適正性に関する確認書）を提出し，公衆縦覧に供されるものである。この確

認書には，当該上場有価証券の発行会社の代表者が有価証券報告書等の提出時点において当該有価証券報告書などに不実の記載がないと認識している旨及びその理由（例えば，有価証券報告書等の適正性の裏付けとなる社内体制，業務執行体制，内部監査体制等の整備・運用状況等，有価証券報告書等の作成に関して代表者自身が確認した内容や，有価証券報告書等の適正性の裏付けとなるべき社内体制の整備途上である上場会社においては，現状の有価証券報告書等の作成プロセスを前提とした代表者自身の確認内容等）の記載が必要とされている。

確認書の提出は，2005年1月1日以後に終了する事業年度に係る有価証券報告書又は同日以後に終了する中間会計期間に係る半期報告書からとされた。

2007年11月1日に施行された有価証券上場規程等の改正後は，有価証券上場規程421条及び有価証券上場規程施行規則427条が有価証券報告書等の適正性に関する確認書の根拠条文となっている。

(3) コーポレート・ガバナンスに関する報告書

東京証券取引所は，2006年1月13日に有価証券上場規程等を改正し（同年3月1日施行），コーポレート・ガバナンスに関する報告書による開示制度を導入した。なお，2003年3月31日以後に終了する事業年度から，「コーポレート・ガバナンスに関する基本的な考え方及びその施策の実施状況」の開示が義務化され，決算短信の添付資料における定性的情報において記載することが求められていたが，コーポレート・ガバナンスに関する報告書の導入に伴い，係る開示は廃止された。

コーポレート・ガバナンスに関する報告書には，①コーポレート・ガバナンスに関する基本的な考え方及び資本構成，企業属性その他の新規上場申請者に関する基本情報，②経営上の意思決定，執行及び監督に係る経営管理組織その他のコーポレート・ガバナンス体制の状況，③株主その他の利害関係者に関する施策の実施状況，④内部統制システムに関する基本的な考え方及びその整備状況，⑤その他東京証券取引所が必要と認める事項を記載するものとされ（有価証券上場規程7条の5，同取扱い要領10.の4等），公衆縦覧に供されている。

2007年11月1日に施行された有価証券上場規程等の改正後は，有価証券上場

規程419条がコーポレート・ガバナンスに関する報告書の根拠条文となっている。

3　金融庁の監督に関する制度

　旧証券取引法及び旧商法特例法において内部統制に関する規定が導入される以前から，金融庁の監督を受ける金融機関については，いわゆる金融検査マニュアルが導入されていた[1]。金融検査マニュアルは，バーゼル銀行監督委員会が1998年9月22日にCOSOレポートを基礎として公表した「銀行組織における内部管理体制のフレームワーク」の影響を受けているため，間接的にCOSOの内部統制フレームワークの影響を受けている。金融検査マニュアルは，チェックリスト方式を中心としたマニュアルであり，法令等遵守態勢の確認検査用チェックリスト及びリスク管理態勢の確認検査用チェックリスト[2]によって構成されている。このうち，「法令等の遵守」はCOSOフレームワークの「適用される法律及び規則の遵守」に対応し，「リスク管理」には「財務報告の信頼性」と「業務の有効性及び効率性」の両方が含まれていると考えられている。

　金融検査マニュアルは，行政部内の職員向けの手引き書であるが，金融機関に自己責任に基づく経営を促す観点から公表されており，各金融機関が金融検査マニュアルを参照して自己責任に基づいて適切な内部管理を行うことが求められている。

　金融検査マニュアルは，法律上，金融機関を直接に拘束するものではないが，金融機関は，金融検査マニュアルに基づく監督官庁の監督に服することになるため，金融検査マニュアルを尊重して，内部統制システムの整備等を行っている。

---

1)　「預金等受入金融機関に係る検査マニュアル」（1999年7月1日付金検第177号）規制対象となる業態毎に検査マニュアルが存在する。
2)　リスク管理態勢，信用リスク，市場関連リスク，流動性リスク，事務リスク，システムリスクに細分化されている。

② 金融商品取引法の制度概要

1 金融商品取引法で内部統制報告制度が導入された背景

　証券市場がその機能を十分に発揮するためには，投資者に対する企業情報が適正に開示されることが必要不可欠である。

　しかし，2002年10月以降，西武鉄道が株主の状況に関する有価証券報告書の不実記載をしていたことが発覚し，それを契機に他の上場企業においても不実開示がなされていたことが判明した[3]。

　そもそも，有価証券報告書による継続開示制度が有効に機能するためにはその前提として有価証券報告書の記載内容の適正性が十分に確保されることが絶対条件である。それなくして証券市場はその使命を果たすことができない。それにもかかわらず，西武鉄道のように長年にわたり有価証券報告書の不実記載が行われ，それを是正することができなかったということは証券市場にとって非常に重大な問題である。

　このような上場企業の不実開示が行われ，是正できなかった理由については，次の2点を挙げることができる。

　① 企業における内部統制が有効に機能していない。
　② 会計監査における内部統制の評価等に費やされる時間が海外に比べて少ない。

　そこで，エンロン事件等を契機にアメリカで成立したSOX法を参考にして，上場企業等に対し，財務報告にかかる内部統制の有効性に関する経営者の評価と公認会計士・監査法人による監査を義務づける内部統制報告制度を導入し（法24条の4の4，193条の2第2項），財務報告にかかる内部統制を強化することにした。

3） 2002年10月以降の上場企業の不実開示による上場廃止事例としては，西武鉄道（東証一部），アソシエイト・テクノロジー（東証マザーズ），伊豆箱根鉄道（東証二部），カネボウ（東証一部，大証一部），大出産業（ジャスダック）等がある。

2 内部統制報告制度の位置づけ

　金融商品取引法における内部統制報告制度は，有価証券報告書を提出しなければならない上場会社等が，当該会社の属する企業集団及び当該会社に係る財務計算に関する書類その他の情報の適正性を確保するために必要な体制について評価した報告書を内閣総理大臣に提出するというものである（法24条の4の4第1項）。

　この定義からもわかるように金融商品取引法上の内部統制報告制度は，ディスクロージャーの適正確保を目的とした制度であり，有価証券報告書制度，半期報告書及び四半期報告書制度等金融商品取引法上のその他のディスクロージャー制度とも深い関連性を有している。

　逆にいえば，金融商品取引法上の内部統制報告制度は，有価証券報告書制度等の財務報告の信頼性を担保することを直接の目的としているが，一般的な法令遵守や業務の有効性及び効率性を目的としたものではない。企業会計審議会により公表された「財務報告に係る内部統制の評価及び監査の基準並びに財務報告に係る内部統制の評価及び監査に関する実施基準の設定について」（意見書）（以下「意見書」）における「財務報告に係る内部統制の評価及び監査に関する実施基準」（以下「実施基準」）では，内部統制の目的として，①業務の有効性及び効率性，②財務報告の信頼性，③事業活動に関わる法令等の遵守，④資産の保全の4つが挙げられているが，金融商品取引法上は，②財務報告の信頼性以外を目的とする内部統制については，直接問題とはしていないのである（ただ，93頁で後述するように，内部統制の評価の対象となる「財務報告」には相当に広い範囲を含んでいる。）。

　また，内部統制報告制度は，財務計算に関する書類その他の情報の適正性を確保するために必要な体制について評価した報告書を提出せよというものであり，それ自体会社に適切な情報の開示を求めるディスクロージャー制度の一種である。金融商品取引法において内部統制報告制度が導入される以前から，「財務状態及び経営成績の分析」や「コーポレート・ガバナンスの状況」等企業の経営やガバナンスに関する事項については開示の対象となっており，内部

統制報告制度もこのようなディスクロージャー制度の拡張の流れの中に位置づけられる。

さらに、内部統制報告制度はディスクロージャー制度であるから、会社に対して内部統制制度の構築を直接義務づけるものではない。財務計算に関する書類その他の情報の適正性を確保するための体制に関する内閣府令（以下「内部統制府令」という。）は、「財務報告に係る内部統制を整備及び運用する際に準拠した基準の名称」を記載することを求めているが（内部統制府令第1号様式記載上の注意(6)b）、特定の基準・手続に準拠することまでは要求していない。つまり、経営者は、自社の置かれた環境や事業の特性に応じて、自己の責任の下に内部統制の構築・運用を行うことが求められているのである。実施基準Ⅰ.5.に記載された内部統制の構築の要点や一般的な構築の手続にしても、あくまでも例示である旨明記されている。

3　内部統制報告書の提出者の範囲

内部統制報告書の提出義務は、有価証券報告書の提出義務を負う会社のうち（法24条1項）、以下の有価証券を上場し又は店頭登録している会社に課せられている（法24条の4の4第1項、施行令4条の2の7）。なお、2002年10月にジャスダックが証券取引所化したことから、現在では、店頭登録銘柄は存在しない。

```
a．株券
b．優先出資証券
c．外国又は外国の者の発行する証券又は証書
d．有価証券信託受益証券で受託有価証券がaないしcに掲げる有価証券であるもの
e．いわゆる預託証券でaないしcまでに掲げる有価証券に係る権利を表示するもの
```

cは外国会社で株券等を上場している場合、dは非上場の株券等を受託有価証券として有価証券信託受益証券を上場している場合、更にeは株券等が預託

証券として上場される場合を想定している。

　また，株券等を上場していないものの，新株の発行に際して募集，売出しについて開示規制の適用を受けたこと，あるいは直近5事業年度のいずれかの末日における当該会社の株主数が500名を超えていることなどから有価証券報告書の提出義務を負っている会社は，任意的に内部統制報告書を提出することができる（法24条の4の4第2項）。

　なお，不動産投資信託証券（いわゆるJリート）等の特定有価証券（法5条1項）の発行会社については，内部統制報告書の提出義務は課されておらず，任意での提出もできないこととされている（法24条の4の4第3項）。

4　内部統制報告書における評価の対象

　内部統制報告書で評価の対象となるのは，財務計算に関する書類その他の情報の適正性を確保するために必要な体制である（法24条の4の4第1項）。前述のとおり業務の有効性及び効率性，事業活動に関わる法令等の遵守及び資産の保全を目的とする内部統制は，評価の対象となっていない。

　ここでいう「財務計算に関する書類その他情報の適正さを確保するために必要な体制」とは，具体的には「当該会社における財務報告が法令等に従って適正に作成されるための体制」をいい（内部統制府令3条），「財務報告」とは，財務諸表（開示府令の定める連結財務諸表）及び財務諸表の信頼性に重要な影響を及ぼす開示に関する事項に係る外部報告をいう（内閣府令2条1号）。つまり，内部統制報告制度で評価の対象となっている「財務報告」とは，財務諸表に直接影響を及ぼす事項に限定されていない。SOX法は財務報告及びその注記に評価の範囲を限定しているので，同法における内部統制報告書の評価の範囲は財務諸表監査の範囲と重なっている。これに対し，わが国の金融商品取引法の定める内部統制報告制度の評価の範囲はSOX法よりも広い。これはわが国で内部統制報告制度導入の契機となった鉄道会社の不実記載事件が財務諸表に関するものではなく，有価証券報告書の「株主の状況」に関するものであったことから，財務諸表に影響を及ぼす事項に限定したのでは狭すぎると考えられたためであ

る[4]）。このように金融商品取引法の内部統制報告制度による開示の範囲は相当に広範囲である。

なお，内部統制府令2条1号における財務報告の定義と，実施基準Ⅱ.1.で定められた財務報告の定義は，若干，表現の仕方が異なる。しかしながら，金融庁は，内部統制府令2条1号における財務報告の定義は，単に技術的な観点から「意見書」とは異なる規定振りとしただけであり，実質的には同義であると説明している[5]）。

「財務諸表の信頼性に重要な影響を及ぼす開示に関する事項」の具体的内容については，実施基準Ⅱ.1.に明記されている。そこでは，「財務諸表の信頼性に重要な影響を及ぼす開示事項等」とは，「a．財務諸表に記載された金額，数値，注記を要約，抜粋，分解又は利用して記載すべき開示事項」と，「b．関係会社の判定，連結の範囲の決定，持分法の適用の要否，関連当事者の判定その他財務諸表の作成における判断に密接に関わる事項」がこれに当たるとする。そして，各事項の具体例として，以下のものを例示している。

> a．財務諸表に記載された金額，数値，注記を要約，抜粋，分解又は利用して記載すべき開示事項
> ・「企業の概況」の「主要な経営指標等の推移」
> ・「事業の状況」の「業績等の概要」，「生産，受注及び販売の状況」，「研究開発活動」，及び「財政状態及び経営成績の分析」
> ・「設備の状況」
> ・「提出会社の状況」の「株式等の状況」，「自己株式の取得等の状況」，「配当政策」及び「コーポレート・ガバナンスの状況」
> ・「経理の状況」の「主要な資産及び負債の内容」及び「その他」

4）　八田進二・町田祥弘『逐条解説・内部統制基準を考える』同文舘出版（2007年）99頁。
5）　金融庁『内部統制府令案に対するコメントとコメントに対する金融庁の考え方』35頁。

・「保証会社情報」の「保証の対象となっている社債」
　　　・「指数等の情報」の項目のうち，財務諸表の表示等を用いた記載
　b．関係会社の判定，連結の範囲の決定，持分法の適用の要否，関連当事者の判定その他財務諸表の作成における判断に密接に関わる事項
　　　・「企業の概況」の「事業の内容」及び「関係会社の状況」
　　　・「提出会社の状況」の「大株主の状況」の項目における関係会社，関連当事者，大株主等の記載事項

5　財務報告に係る内部統制の評価

(1)　評価の基準日

　内部統制報告書の基準日は，当該会社の事業年度の末日（内部統制府令5条1項）である。

　問題は連結子会社が存するときである。本来的には内部統制報告書を提出する会社の基準日時点での当該連結子会社を評価することになるが，当該連結子会社が上場会社等で内部統制報告書の提出会社である場合には，二度手間を避けるために，原則として，直近の当該連結子会社の内部統制報告書の評価を基礎とすることができる（内部統制府令5条3項）。

　ただし，当該連結子会社の当該事業年度末日後，当該連結決算日までの間に当該連結子会社の財務報告に係る内部統制に重要な変更があった場合は，この限りではない。例えば，合併等による組織，決算方法及び取扱品目の大幅な変更等がこれに該当する（内部統制府令ガイドライン5－1）。

(2)　財務報告に係る内部統制の評価の基準

　内部統制の評価方法は，金融商品取引法及び内部統制府令において直接規定されておらず，「一般に公正妥当と認められる財務報告に係る内部統制の評価の基準」にしたがう（内部統制府令1条1項）とのみ規定されている。

　ただ，内部統制府令は，企業会計審議会により公表された「財務報告に係る内部統制の評価及び監査の基準並びに財務報告に係る内部統制の評価及び監査

に関する実施基準の設定について」(意見書)(以下「意見書」という。)における「財務報告に係る内部統制の評価及び監査に関する基準」(以下「基準」という。)が「一般に公正妥当と認められる財務報告に係る内部統制の評価の基準」に該当すると，明記している（内部統制府令1条4項)，したがって実務的には，これに基づいて評価していくことになろう。

なお，このような具体的な内容を企業会計審議会の定める会計基準等に委任する仕組みは，既に，従来の財務諸表の作成・開示や監査制度でも採用されており（財務諸表等の用語，様式及び作成方法に関する規則1条1項及び2項等参照)，内部統制府令の委任と基準による細則の規定という仕組みも基本的にはこれと同一の仕組みということができる。

(3) 基準での評価方法の特徴

基準における評価方法には，以下のような特徴がある。

① 連結ベースでの評価

財務報告に係る内部統制の評価は，原則として，連結ベースで行われる。したがって，財務報告に係る内部統制の評価範囲決定手続を行う際には，子会社及び関連会社をも検討の対象としなければならない。

さらに，委託業務が企業の重要な業務プロセスの一部を構成している場合には，経営者は，当該業務を提供している外部の受託会社の業務に関し，その内部統制を評価する必要がある。ただし，委託先が国又は地方公共団体又はそれに準ずる機関の場合には，この限りではない（内部統制府令ガイドライン3-1)。

このように連結ベースの評価になることから，子会社，在外子会社及び関連会社の体制も問題となってくる。この点についての実務の動向については，本書第5章を参照されたい。

② トップダウン型リスク・アプローチ

「トップダウン型リスク・アプローチ」とは，まず，連結ベースでの財務報告全体に重大な影響を及ぼす内部統制，つまり全社的な内部統制について評価を行い，その結果を踏まえて，財務報告に係る重大な虚偽記載につながるリスクに着眼して必要な範囲で業務プロセスに係る内部統制について評価するとい

うアプローチである。つまり，基準では業務プロセスに係る内部統制について，評価範囲を絞り込むことが認められている。

このトップダウン型リスク・アプローチは財務報告に及ぼす影響の重要性という観点から，経営者が評価しなければならない内部統制の評価の範囲を合理的な範囲で限定してかまわないという考え方に基づいている。つまり，過重なコストを避けて，財務報告の信頼性に特化した観点で内部統制の評価と報告を行うという考え方である[6]。

基準においてトップダウン型リスク・アプローチが採用されたということは，同時に，経営者による経営判断の尊重という基本的な理念が内部統制の評価という局面においても，貫かれているということを意味している。経営者に，財務報告の信頼性を担保する内部統制の有効性についても，経営者が自らの判断と責任の下でリスクを見極めて評価範囲を絞り込むことが認められているのである。

評価範囲の絞り込みの可否を簡単に整理すると以下のとおりである。a．全社的な内部統制，b．決算・財務報告に係る業務プロセスの評価のうち，全社的な観点で評価することが適切と考えられるものについては，原則として，評価範囲の絞り込みが認められていないが，c．その他の業務プロセスについては，下記のとおり評価範囲の絞り込みが認められている。

---

a．全社的な内部統制	→原則，絞り込み不可
b．決算・財務報告に係る業務プロセス	
・全社的な観点で評価することが適切なもの[7]	→原則，絞り込み不可
・それ以外	→絞り込み可
c．その他の業務プロセス	→絞り込み可

---

6) 八田・町田『前掲書』112頁。
7) 具体的には，総勘定元帳から財務諸表を作成する手続，連結財務諸表作成のための仕訳とその内容を記録する手続，財務諸表に関連する開示事項を記載するための手続などがあげられる（実施基準Ⅱ.2.(2)）。

なお，経営者が行った評価範囲及び当該評価範囲を決定した手順，方法などについては，内部統制報告書【評価の範囲，基準日及び評価手続に関する事項】欄に記載する（内部統制府令第1号様式注(7)）。

(4) 基準における評価方法の概要

基準において定められた評価方法の概容は以下のとおりである。（法的拘束力はないものの基準の内容は，実施基準において補足されている。）

① 経営者による内部統制の評価と評価のための体制

経営者自らが，有効な内部統制の整備及び運用に責任を持つ者として，財務報告に係る内部統制を評価することになる（基準Ⅱ.1.）。ただし，経営者が直接，評価作業のすべてを実施することは困難なので，評価を行う責任者及び評価を行う部署や機関を利用することが考えられる（実施基準Ⅱ.3.(2)①）。また社外専門家を利用して実施することも可能とされている（実施基準Ⅱ.3.(1)②）。

この点については，新たに内部統制統括部署を設置するという対応と，内部監査部門を利用するという対応が考えられるが，実務の動向としては，新たに内部統制統括部門を設置する会社が多いようである。また，回答のあった多くの会社において，金融商品取引法の体制管理者と会社法上の体制管理者とが同一人物であるとのアンケート結果も出ており，興味深い（本書第5章137頁以下及び169頁参照）。

② 内部統制の評価の流れ

基準で示された評価の具体的な流れは，100頁[8]のとおりである。全社的な内部統制について評価を行い，その結果を踏まえて，業務プロセスに係る内部統制について評価する（トップダウン型のリスク・アプローチ）。

(a) 全社的な内部統制の評価

経営者は，全社的な内部統制の整備状況及び運用状況並びにその状況が業務プロセスに係る内部統制に及ぼす影響の程度を評価する。その際，経営者は，

---

[8] 金融庁企業会計審議会「財務報告に係る内部統制の評価及び監査の基準並びに財務報告に係る内部統制の評価及び監査に関する実施基準の設定について（意見書）参考図2」（2007年）。

組織の内外で発生するリスクなどを十分に評価するとともに，財務報告全体に重要な影響を及ぼす事項を十分に検討する。たとえば，全社的な会計方針及び財務方針，組織の運営等に関する経営判断，経営レベルにおける意思決定のプロセス等がこれに該当する（基準Ⅱ.3.(2)）。

具体的には，経営者が評価の対象となる内部統制の全体を適切に理解及び分析した上で，必要に応じて関係者への質問や記録の検証などの手続を実施することになる。

評価する項目については，実施基準は，参考として42の評価項目を例示し，各企業が適宜活用できるようなものとしている（実施基準Ⅱ.参考1）。多くの会社はこれを参考にしつつ，評価項目を確定していくことになる。ただ，あくまで実施基準で示された42の評価項目は例示であり，経営者が自らの会社の規模や業種に応じて，評価項目を適宜，増減することは可能である。たとえば，規模の小さい会社においては，評価項目を絞るということも当然考えられてよい。逆に必要があれば，実施基準で例示された42項目以上に詳細な評価項目を作成するということも検討されるべきである（本書第5章160頁以下参照）。

(参考図２)

財務報告に係る内部統制の評価・報告の流れ

全社的な内部統制の評価
（原則，すべての事業拠点について全社的な観点で評価）

決算・財務報告に係る業務プロセスの評価
（全社的な観点での評価が適切なものについては，全社的な内部統制に準じて評価）

決算・財務報告プロセス以外の業務プロセスの評価

1．重要な事業拠点の選定
売上高などを用いて金額の高い拠点から合算し，全体の一定割合（例えば，概ね３分の２程度）に達するまでの拠点を重要な事業拠点として選定
※事業拠点には，本社，子会社，支社，支店の他，事業部等も含まれる。
※企業の置かれた環境や事業の特性によって，異なる指標や追加的な指標を用いることがある。

⇩

2．評価対象とする業務プロセスの識別
① 重要な事業拠点における，企業の事業目的に大きく関わる勘定科目（一般的な事業会社の場合，原則として，売上，売掛金及び棚卸資産）に至る業務プロセスは，原則として，すべて評価対象
　※当該重要な事業拠点が行う事業又は業務との関連性が低く，財務報告に対する影響の重要性が僅少である業務プロセスについては，評価対象としないことができる。
② 重要な事業拠点及びそれ以外の事業拠点において，財務報告への影響を勘案して，重要性の大きい業務プロセスについては，個別に評価対象に追加
　（例）・リスクが大きい取引を行っている事業又は業務に係る業務プロセス
　　　　・見積りや経営者による予測を伴う重要な勘定科目に係る業務プロセス
　　　　・非定型・不規則な取引など虚偽記載が発生するリスクが高いものとして，特に留意すべき業務プロセス
③ 全社的な内部統制の評価結果を踏まえて，業務プロセスに係る評価の範囲，方法等を調整
　※全社的な内部統制が有効でない場合，評価範囲の拡大，評価手続の追加などの措置が必要
　※全社的な内部統制が有効である場合，サンプリングの範囲を縮小するなど簡易な評価手続の選択や，重要性等を勘案し，評価範囲の一部について，複数会計期間ごとの評価が可能

⇩

評価範囲について，必要に応じて，監査人と協議

⇩

3．評価対象とした業務プロセスの評価
① 評価対象となる業務プロセスの概要を把握，整理
② 業務プロセスにおける虚偽記載の発生するリスクとこれを低減する統制を識別
③ 関連文書の閲覧，質問，観察等により，内部統制の整備状況の有効性を評価
④ 関連文書の閲覧，質問，観察，内部統制の実施記録の検証，自己点検の状況の検討等により，内部統制の運用状況の有効性を評価
　※全社的な内部統制の評価結果が良好である場合等には，サンプリングの範囲を縮小

⇩

4．内部統制の報告
① 内部統制の不備が発見された場合，期末までに是正
② 重要な欠陥が期末日に存在する場合には開示

(b) 業務プロセスに係る内部統制の評価方法

　経営者は，全社的な内部統制の評価結果を踏まえ，評価の対象となる内部統制の範囲内にある業務プロセスを分析した上で，財務報告の信頼性に重要な影響を及ぼす統制上の要点を選定し，当該統制上の要点について内部統制の基本的要素が機能しているかを評価する（トップダウン型のリスク・アプローチ）。

　具体的には，経営者は，まず，全社的な内部統制を踏まえ，評価の対象となる業務プロセスを整理する。このような作業を行う際には，業務の流れ図や業務報告書等を利用することが有用である。もちろん，従前より作成・利用しているものがあれば，それを適宜，利用していけば足りる。

　その上で，業務プロセスにおける虚偽記載の発生するリスクを識別し，これを前提に虚偽記載が発生するリスクとこれを低減する統制上の要点を識別することになる。このような作業を行う際には，リスクと統制の対応（リスク・コントロール・マトリクス）を利用することが考えられる。

　そして，経営者は，関連文書の閲覧，当該内部統制に関係する適切な担当者への質問，業務の観察，内部統制の実施記録の検証，各現場における内部統制の運用状況に関する自己点検の状況の検討等により，業務プロセスに係る内部統制の整備・運用状況の有効性を評価することになる。

　運用状況の評価を行う際には，経営者は，原則としてサンプリングにより十分かつ適切な証拠を入手する必要がある。ただし実施基準は，この場合については，監査人の監査の場合と異なり，必要なサンプリング件数を具体的に例示していない。これは，経営者が自社の状況に応じて，弾力的に評価を行うことができるようにという趣旨からである[9]。

　経営者は業務プロセスに係る内部統制の有効性の判断においては，内部統制が財務諸表の勘定科目，注記及び開示項目に虚偽記載が発生するリスクを合理的なレベルまで低減するものとなっているか確認することになる。

　そして，経営者は，内部統制が所期のとおり実際に有効に運用されているか

9）　野村昭文「内部統制の評価を報告」『企業会計』59巻5号（2007年）38頁。

を評価する。その場合，それぞれの虚偽記載のリスクに対して内部統制が意図したとおりに運用されていることを確認しなければならない。

この点に関する実務の動向だが，多くの企業で「業務流れ図」（フローチャート），「業務記述書」（業務マニュアル），「リスクと統制の対応」（リスク・コントロール・マトリックス）を作成しているようであるが，従前から3点セット以上に詳細な文書を作成・利用していることから，別途3点セットを作成・利用しないと回答した会社もあることが注目される（本書第5章166頁参照）。

(c) 内部統制の有効性の判断

経営者は，財務諸表に係る内部統制の有効性の評価を行った結果，統制上の要点等に係る不備が財務報告に重要な影響を及ぼす可能性が高い場合は，当該内部統制に重要な欠陥があると判断しなければならない（基準Ⅱ.3.(4)）。

内部統制の有効性の判断の手順を簡単に説明すると以下のとおりである。

まず，全社的な内部統制の不備は業務プロセスに係る内部統制にも直接又は間接に広範な影響を及ぼし，最終的な財務報告の内容にも広範な影響を及ぼす。そのため経営者は，全社的な内部統制の有効性を評価する際には，業務プロセスに係る内部統制にどのような影響を及ぼすかも含め，財務報告に重要な虚偽記載をもたらす可能性について慎重に検討する必要がある。

全社的な内部統制が有効であると判断するためには，全社的な内部統制が財務報告に係る虚偽の記載及び開示が発生するリスクを低減するため，以下の条件を満たしていることが重要となる（実施基準Ⅱ.3.(4)①ロ.）。

---

a．全社的な内部統制が，一般に公正妥当と認められる内部統制の枠組みに準拠して整備及び運用されていること。

b．全社的な内部統制が，業務プロセスに係る内部統制の有効な整備及び運用を支援し，企業における内部統制全般を適切に構成している状態にあること。

全社的な内部統制に不備がある場合，内部統制の有効性に重要な影響を及ぼす可能性が高い。内部統制の重要な欠陥となる全社的な内部統制の不備として，

たとえば，以下のものが挙げられる。ただし，全社的な内部統制の評価項目例が，すべて重要な欠陥となるとは想定しにくいことにも注意が必要である。

> a．経営者が財務報告の信頼性に関するリスクの評価と対応を実施していない。
> b．取締役会又は監査役若しくは監査委員会が財務報告の信頼性を確保するための内部統制の整備及び運用を監督，監視，検証していない。
> c．財務報告に係る内部統制の有効性を評価する責任部門が明確でない。
> d．財務報告に係るITに関する内部統制に不備があり，それが改善されずに放置されている。
> e．業務プロセスに関する記述，虚偽記載のリスクの識別，リスクに対する内部統制に関する記録など，内部統制の整備状況に関する記録を欠いており，取締役会又は監査役若しくは監査委員会が，財務報告に係る内部統制の有効性を監督，監視，検証することができない。
> f．経営者や取締役会，監査役又は監査委員会に報告された全社的な内部統制の不備が合理的な期間内に改善されない。

もちろん，全社的な内部統制に不備がある場合でも，業務プロセスに係る内部統制が単独で有効に機能することもあり得るが，全社的な内部統制に不備があるという状況は，基本的な内部統制の整備に不備があることを意味しており，全体としての内部統制が有効に機能する可能性は限定される。

以上による全社的な内部統制の評価の結果を踏まえて，業務プロセスに係る内部統制の評価を実施する。

業務プロセスに係る内部統制の不備が重要な欠陥に該当するか否かを評価するためには，内部統制の不備により勘定科目等に虚偽記載が発生する場合，その影響が及ぶ範囲を推定する。さらに，内部統制の不備による影響額を推定するときには，虚偽記載の発生可能性も併せて検討する必要がある。

業務プロセスに係る内部統制の不備が複数存在する場合には，それらの内部統制の不備が単独で，又は複数合わさって，重要な欠陥に該当していないかを

評価する。たとえば，ある拠点において販売業務プロセスと入金業務プロセスに不備がある場合，それぞれの不備が売掛金勘定の残高に及ぼす影響を併せて評価し，その結果，財務報告の重要な事項の虚偽に該当する可能性があるか否かを判断することになる。

また，集計した不備の影響が勘定科目ごとに見れば財務諸表レベルの重要な虚偽記載に該当しない場合でも，複数の勘定科目に係る影響を合わせると重要な虚偽記載に該当する場合がある。この場合にも重要な欠陥となる。

さらに，勘定科目等に虚偽記載が発生する可能性と影響度を検討するときには，個々の内部統制を切り離して検討するのではなく，個々の内部統制がいかに相互に連係して虚偽記載が発生するリスクを低減しているかを検討する必要がある。そのために，ある内部統制の不備を補う内部統制（補完統制）の有無と，仮に補完統制がある場合には，勘定科目等に虚偽記載が発生する可能性とそれが金額的影響をどの程度低減しているかを検討する（以上，実施基準Ⅱ.3・(4)）。

内部統制の不備による影響金額の算定方法については，実施基準の「Ⅲ　財務報告に係る内部統制の監査４.(2)④業務プロセスに係る内部統制の不備の検討」が詳細に記載しており，これは経営者が内部統制の評価を行うに当たっても参考になる。

業務プロセスに係る内部統制につき，不備に当たるかの検討過程を例示すると次ページのようになる[10]。

(5) 不備の是正

経営者による評価の過程で財務報告に係る内部統制の不備及び重要な欠陥は，適時認識され，適切に対応される必要がある。仮に経営者による評価の過程で重要な欠陥が発見されたとしても，それが報告書における評価時点（当該会社の事業年度の末日。内部統制府令５条１項）までに是正されていれば，財務報告に係る内部統制は有効であると認めることができる。

---

[10]　金融庁企業会計審議会「財務報告に係る内部統制の評価及び監査の基準並びに財務報告に係る内部統制の評価及び監査に関する実施基準の設定について（意見書）」参考図３（2007年）。

(参考図３)

業務プロセスに係る内部統制の不備の検討

業務プロセスに係る内部統制の有効性を確認

・サンプリングにより確認（90％の信頼度を得るには，統制上の要点ごとに少なくとも25件のサンプルが必要）
　　※反復継続的に発生する定型的な取引等については，サンプル数の低減等が可能

⇓⇓

業務プロセスに係る内部統制の不備を把握

⇓⇓

① 不備の影響が及ぶ範囲の検討

業務プロセスから発見された不備がどの勘定科目等に，どの範囲で影響を及ぼしうるかを検討
・ある事業拠点において，ある商品の販売プロセスで問題が起きた場合，当該販売プロセスが当該事業拠点に横断的な場合には，当該事業拠点全体の売上高に影響を及ぼす。
・問題となった販売プロセスが特定の商品に固有のものである場合には，当該商品の売上高だけに影響を及ぼす。
・他の事業拠点でも同様の販売プロセスを用いている場合には，上記の問題の影響は当該他の事業拠点の売上高にも及ぶ。

⇓⇓

② 影響の発生可能性の検討

①で検討した影響が実際に発生する可能性を検討
・発生確率をサンプリングの結果を用いて統計的に導き出す。
・それが難しい場合には，リスクの程度と発生可能性を，例えば，高，中，低により把握し，それに応じて，予め定めた比率を適用する。
　　※影響の発生可能性が無視できる程度に低いと判断される場合には，判定から除外

⇓⇓

③ 内部統制の不備の質的・金額的重要性の判断

①及び②を勘案して，質的重要性及び金額的重要性（例えば，連結税引前利益の概ね５％程度）を判断
　　※不備が複数存在する場合には，これらを合算（重複額は控除）する。

⇓⇓

質的又は金額的重要性があると認められる場合，重要な欠陥と判断

逆に言えば，内部統制の評価の時期は当該会社の事業年度の末日であるから，当該末日以降に実施した是正措置は，財務報告に係る内部統制の評価には影響しない。ただし，重要な欠陥の内容及びそれが事業年度の末日までに是正されなかった理由を記載している場合においては，当該重要な欠陥の是正に向けての方針又は当該方針を実行するために実施している措置若しくは検討している計画などがある場合には，その内容を併せて記載することができる（内部統制府令ガイドライン4－5）。

(6) 評価手続等の記録及び保存

経営者は，財務報告に係る内部統制の有効性の評価手続及びその評価結果，並びに発見した不備及びその是正措置に関して，記録し保存しなければならない（基準Ⅱ.3.(7)）。

なお，記録の形式，方法等については，一律に規定されるものではなく，企業の作成・使用している記録等を適宜，利用し，必要に応じてそれに補足を行っていくことで足りると解されている（実施基準Ⅱ.3.(7)）。

6　内部統制報告書の作成

(1)　内部統制報告書の様式

内部統制報告書の様式は，内部統制府令において定められており，内国会社は内部統制府令の第1号様式，外国会社は内部統制府令の第2号様式に準拠する（内部統制府令1条1項）。

ただ，外国会社については特例がある。①外国会社がその本国において開示している財務計算に関する書類を財務書類として提出することを，金融庁長官が公益又は投資家保護に欠けることがないものとして認める場合であって，②当該外国会社がその本国において開示している財務報告に係る内部統制を評価した報告書を内部統制報告書として提出することを，金融庁長官が公益又は投資家保護に欠けることがないものとして認めるときは，金融庁長官が必要と認めて指示する事項を除き，当該外国会社の本国における用語，様式及び作成方法によることができる（内部統制府令11条）。

以下では，内国会社における内部統制報告書（第1号様式）について解説する。

(2) 内国会社における内部統制報告書の記載事項

内国会社が依拠すべき第1号様式の記載事項は次の7つである（内部統制府令4条1号・内国会社第1号様式）。

> a．代表者の役職氏名等
> b．最高財務責任者を定めている場合には，当該役職氏名等
> c．財務報告に係る内部統制の基本的枠組み
> d．評価の範囲，基準日及び評価手続
> e．評価結果に関する事項
> f．付記事項
> g．特記事項

① 代表者の役職氏名等及び最高財務責任者の役職氏名等

当該欄において，代表者の氏名を記載する。さらに，会社が，財務報告に関し，代表者に準ずる責任を有する者として，最高財務責任者を定めている場合には，当該最高財務責任者の役職氏名も併せて記載する。

どのような者が「最高財務責任者」に該当するかが問題となりうるが，金融庁は，最高財務責任者とは，会社が，財務報告に関し，代表者に準ずる責任を有する者を定めている場合における当該者をいい，単に財務を担当している者は含まないと説明している（内部統制府令ガイドライン4－1）[11]。

なお，最高財務責任者の氏名を記載した場合，当該最高財務責任者は，金融商品取引法197条の2により罰則の対象となりうるが，実際に罰則の対象となるか否かは，内部統制報告書の提出等への関わり方等，個別事例ごとに実態に即して判断される[12]。

---

11) 金融庁「内部統制府令案に対するコメントとコメントに対する金融庁の考え方」（2007年）136頁も同様。
12) 金融庁，前掲，136頁。

② 財務報告に係る内部統制の基本的枠組み

財務報告に係る内部統制の基本的枠組みとして，以下の事項を記載する。

---

a．代表者及び最高財務責任者が財務報告に係る内部統制の整備及び運用に責任を有している旨

　最高財務責任者の意義については，前記①を参照されたい。

b．財務報告に係る内部統制を整備及び運用する際に準拠した基準の名称

　「財務報告に係る内部統制の評価及び監査に関する基準」その他の準拠した基準の具体的な名称を記載する（内部統制府令ガイドライン4－2）。

c．財務報告に係る内部統制により財務報告の虚偽の記載を完全には防止又は発見することができない可能性がある旨

---

③ 評価の範囲，基準日及び評価手続

評価の範囲，基準日及び評価手続として，以下の事項を記載する。

---

a．財務報告に係る内部統制の評価が行われた基準日

　内部統制府令5条にいう基準日を具体的に記載する（当該会社の事業年度の末日。内部統制府令5条1項。前記(1)参照）。また，基準日を変更した場合は，その旨及びその理由も記載する。

b．財務報告に係る内部統制の評価に当たり，一般に公正妥当と認められる財務報告に係る内部統制の評価の基準に準拠した旨

c．財務報告に係る内部統制の評価手続の概要

　会社の行った手続のうち，評価範囲内における統制上の要点（財務報告の信頼性に重要な影響を及ぼす統制上の要点をいう。）の選定など財務報告に係る内部統制の評価結果に重要な影響を及ぼす手続の概要のみを簡潔に記載する（内部統制府令ガイドライン4－3）。

d．財務報告に係る内部統制の評価の範囲

　財務報告に係る内部統制及び当該評価範囲を決定した手順，方法等を簡潔に記載する（内部統制府令第1号様式（記載上の注意）(7)d）。

このうち，財務報告に係る内部統制の評価の範囲としては，会社並びに連結子会社及び持分法適用会社について，財務報告の信頼性に及ぼす影響の重要性の観点から必要な範囲を財務報告に係る内部統制の評価の範囲とした旨を記載する（内部統制府令ガイドライン4－4・1）。

また，当該評価範囲を決定した手順，方法等としては，財務報告に対する金額的及び質的影響の重要性を考慮し，全社的な内部統制の評価結果を踏まえ，業務プロセスに係る内部統制の評価範囲を合理的に決定した旨などを記載する。なお，その際，連結財務諸表における売上高その他の指標の一定割合を基準として重要な事業拠点を選定する際の当該指標及び一定割合，当該重要な事業拠点における企業目的に大きく関わる勘定科目等についても併せて記載する（内部統制府令ガイドライン4－4・2）。

なお，やむを得ない事情により，財務報告に係る内部統制の一部の範囲について十分な評価手続を実施できなかった場合には，その範囲及びその理由を記載する（内部統制府令第1号様式（記載上の注意）(7) d）。ここでいうやむを得ない事情とは，期末日直前に他企業を買収した又は合併したこと，災害が発生したことにより，財務諸表を作成して取締役会の承認を受けるまでに通常要する期間内に基準に準拠した評価手続を実施することが困難と認められる事情を指す（実施基準Ⅱ.3.(6)）。

④ 評価結果に関する事項

次に係る区分に応じて記載する。

> a．財務報告に係る内部統制は有効である旨
> b．評価手続の一部が実施できなかったが，財務報告に係る内部統制は有効である旨並びに実施できなかった評価手続及びその理由
> c．重大な欠陥があり，財務報告に係る内部統制は有効でない旨並びにその重要な欠陥の内容及びそれが事業年度の末日までに是正されなかった理由
> d．重要な評価手続が実施できなかったため，財務報告に係る内部統制の

> 評価結果を表明できない旨並びに実施できなかった評価手続及びその理由

　重要な欠陥の内容及びそれが事業年度の末日までに是正されなかった理由を記載している場合（上記 c においては，当該重要な欠陥の是正に向けての方針又は当該方針を実行するために実施している措置若しくは検討している計画等がある場合）には，その内容を併せて記載することができる（内部統制府令ガイドライン4－5）。

　なお，東京証券取引所は，現時点では，内部統制における重要な欠陥が直ちに財務諸表の虚偽記載に結びつくものではないとして，内部統制報告書及びこれに係る監査報告書の記載内容をもって，上場廃止は行わない旨述べているが，同時に，内部統制における重要な欠陥が継続的に是正されない場合等における上場管理上の取扱いについて検討を行うとも述べており，今後の動向には注意が必要である[13]。

⑤　付記事項

　次に係る区分に応じて記載する。

> a．財務報告に係る内部統制の有効性の評価に重要な影響を及ぼす後発事象
> 　　決算日以降，内部統制報告書の提出日までに，財務報告に係る内部統制の有効性の評価に重要な影響を及ぼす事象が発生した場合には，当該事象を記載する。
> b．事業年度の末日後に重要な欠陥を是正するために実施された措置がある場合には，その内容
> 　　事業年度の末日において，重要な欠陥があり，財務報告に係る内部統制が有効でないと判断した場合において，事業年度の末日後内部統制報告書の提出日までに，記載した重要な欠陥を是正するために実施された措置がある場合には，その内容を記載する。

---

13)　東京証券取引所『上場制度総合整備プログラム2007』（2007年）7頁。

⑥ 特記事項

　財務報告に係る内部統制の評価について特記すべき事項がある場合は，その旨及びその内容を記載する。なお，このような特記事項も記載した以上は，内部統制監査の対象となる。

(3) 内部統制報告書の提出方法

　提出義務者は，内部統制報告書を3通作成して，有価証券報告書と併せて，内閣総理大臣（実際には，内閣総理大臣から権限委任を受けた財務局長または福岡財務支局長）に提出する（法194条の7第1項。施行令39条2項1号）。

　あくまで有価証券報告書と併せて提出するのであり，有価証券報告書の添付書類という扱いではない。

(4) SEC登録会社の特例

　米国式連結財務諸表を米国証券取引委員会に登録している会社（SEC登録会社）は，当該米国式連結財務諸表を法の規定による連結財務諸表として提出することを，金融庁長官が公益又は投資者保護に欠けることがないものとして認める場合は，当該会社の提出する内部統制報告書の用語，様式及び作成方法は，金融庁長官が必要と認めて指示した事項を除き，米国において要請されている内部統制報告書の用語，様式及び作成方法によることができる（内部統制府令14条）。

　ただし，日本語をもって記載することを要し（内部統制府令15条），1）当該内部統制報告書を作成するに当たって準拠している用語，様式及び作成方法並びに2）この府令に準拠して作成する場合との主要な相違点を記載する必要がある（内部統制府令16条）。

(5) 内部統制報告書の添付書類

　内部統制に関する事項を記載した書類その他の書類で公益又は投資者保護のため必要かつ適当なものとして内閣府令で定めるものを添付しなければならない。

7　内部統制報告の監査

(1) 内部統制報告書の監査の必要性

上場企業のうち政令で定めるものは、その者と特別の利害関係にない公認会計士又は監査法人の監査証明を受けなければならない（法193条の2第2項）。当該監査証明は、内部統制監査を実施した公認会計士又は監査法人が行う必要がある（内部統制府令1条2項）。

このように内部統制報告制度においても、外部監査を受けることが義務づけられている。ただし、ここでいう監査は、内部統制報告書に係る「開示の監査」であり、実体的な内部統制の整備状況を監査するものではない。

(2) 内部統制監査の特徴

まず、第1の特徴は、ダイレクト・レポーティング方式を採用していないということである。すなわち、内部統制報告書において経営者が報告する内部統制の有効性の評価結果を前提として、その評価結果に対する監査人の意見を表明するという構成になっており、直接、監査人が内部統制の整備及び運用状況を検証して報告するダイレクト・レポーティング（直接報告義務）は採用していない（内部統制府令6条）。SOX法ではダイレクト・レポーティングが採用されているが、企業に過大なコストを課す可能性があることから、わが国では採用されなかったものである。

もちろん、経営者が作成した内部統制報告書に対して監査人が意見を表明するといっても、監査人は経営者が作成した内部統制報告書の文字面だけ見て意見を表明するわけではない。監査人は、財務諸表監査と同様に、直接、企業等から監査証拠を入手し、それに基づいて内部統制報告書に対する意見を表明しなければならない（実施基準Ⅲ.1.）。

第2の特徴は、内部統制監査は、原則として、同一の監査人により、財務諸表監査と一体となって行われるということである。そのため、財務諸表監査の過程で得られた監査証拠は、内部統制監査の証拠として利用されることがあるし、その逆もあるということである（実施基準Ⅲ.2.）。

(3) 内部統制の監査に関する基準について

金融商品取引法自体は内部統制監査の基準について全く触れるところがないが，内部統制府令が内部統制の監査は「一般に公正妥当と認められる財務報告に係る内部統制の監査に関する基準及び慣行」による旨定めている（内部統制府令1条3項）。

そして，内部統制府令に併せて企業会計審議会により公表された「財務報告に係る内部統制の評価及び監査に関する基準」は，「一般に公正妥当と認められる財務報告に係る内部統制の監査に関する基準」に該当する旨，明記している（内部統制府令1条4項）。

したがって，基準のⅢには基準のⅡと同様に法的根拠が与えられているのであり，この点で基準のⅠとは法的位置づけが異なる。経営者も内部統制報告書の作成にあたっては，基準及びそれを敷衍した実施基準に定めるところにしたがい，評価を行っていくことになる。

なお，監査については，「一般に公正妥当と認められる財務報告に係る内部統制の監査に関する基準」及び「慣行」にしたがうこととされており，「慣行」にしたがうべきことも明記されている。当該「慣行」の内容については，内部統制府令も何らの定めを置いておらず，公認会計士協会により公表された「財務報告に係る内部統制の監査に関する実務上の取扱い」（監査に関する実務上の取扱い）などを踏まえた監査実務が行われていく中で，形成されることが予定されている。

(4) 内部統制監査の監査手続の概要

基準で示された内部統制監査手続の項目だけ示すと，以下のとおりとなっている。内部統制監査の監査手続の詳細については，基準，実施基準や監査に関する実務上の取扱いを参照されたい。

```
a．監査計画の策定
b．評価範囲の妥当性の検討
c．経営者の内部統制の評価の検討
```

> d．監査人による報告

(5) 内部統制監査報告書の記載事項

内部統制監査報告書には，公認会計士又は監査法人の代表者が作成の年月日を付して自署し，かつ，自己の印を押印する（内部統制府令6条1項）。前記(2)のとおり，実施基準では原則として財務諸表監査と内部統制監査の監査人は同一であることを求めているが，例外的に同一でない場合であっても，特段の記載は不要である[14]。

内部統制監査報告書の記載事項は次のとおりである（内部統制府令6条1項）。既に(2)で述べたが，ダイレクト・レポーティングが採用されておらず，内部統制報告書において経営者が報告する内部統制の有効性の評価結果を前提として，その評価結果に対する監査人の意見を表明するものとなっている。

> a．内部統制監査の対象
> b．実施した内部統制監査の概要
> c．内部統制報告書が，一般に公正妥当と認められる財務報告に係る内部統制の評価の基準に準拠して，財務報告に係る内部統制の評価結果について，すべての重要な点において適正に表示しているかどうかについての意見
> d．追記情報
> e．公認会計士法25条2項の規定により明示すべき利害関係

① 内部統制監査の対象

内部統制の監査の対象として，次の事項を記載する（内部統制府令6条2項）。

> a．内部統制監査の対象となった内部統制報告書の範囲
> b．財務報告に係る内部統制の整備及び運用並びに内部統制報告書の作成

---

[14] 金融庁，前掲，137頁。

> 責任は経営者にあること
> c．内部統制監査を実施した公認会計士又は監査法人の責任は独立の立場から内部統制報告書に意見を表明することにあること
> d．財務報告に係る内部統制により財務報告の虚偽の記載を完全には防止又は発見することができない可能性があること

② 実施した内部統制監査の概要

実施した内部統制監査の概要として，次の事項を記載する。ただし，重要な監査手続が実施できなかった場合には，当該実施できなかった監査手続を記載する（内部統制府令6条3項）。

> a．内部統制監査が一般に公正妥当と認められる財務報告に係る内部統制の監査基準に準拠して行われた旨
> b．財務報告に係る内部統制の監査の基準は，内部統制監査を実施した公認会計士又は監査法人に内部統制報告書に重要な虚偽がないかどうかの合理的な保証を得ることを求めていること
> c．内部統制監査において実施した監査手続の概要
> d．内部統制監査の結果として意見表明のための合理的な基礎を得たこと

③ 内部統制報告書が，一般に公正妥当と認められる財務報告に係る内部統制の評価の基準に準拠して，財務報告に係る内部統制の評価結果について，すべての重要な点において適正に表示しているかどうかについての意見

当該記載欄においては，次の事項を記載する（内部統制府令6条4項）。

> a．無限定適正意見
> 　内部統制監査の対象となった内部統制報告書が，一般に公正妥当と認められる財務報告に係る内部統制の評価の基準に準拠して，財務報告に係る内部統制の評価について，すべての重要な点において適正に表示していると認められる旨。

> b．除外事項を付した限定付適正意見
>
>   内部統制監査の対象となった内部統制報告書が，除外事項を除き一般に公正妥当と認められる財務報告に係る内部統制の評価の基準に準拠して，財務報告に係る内部統制の評価について，すべての重要な点において適正に表示していると認められる旨並びに除外事項及び当該除外事項が財務諸表監査に及ぼす影響。
>
> c．不適正意見
>
>   内部統制監査の対象となった内部統制報告書が，不適正である旨及びその理由並びに財務諸表監査に及ぼす影響。

なお，重要な監査手続が実施されなかった等により，意見を表明するための合理的基礎を得られなかった場合には，意見を表明しない旨及びその理由を内部統制監査報告書に記載することとなっている（内部統制府令6条6項）。

ここでいう内部統制報告書が適正に表示されているとは，内部統制報告書に重要な虚偽表示（脱漏を含む。）がないということであり，具体的には，次の点が適切であることを意味している[15]。したがって，以下のa～dにつき適切であれば，監査報告書の意見は無限定適正意見となる。

> a．財務報告に係る内部統制の評価範囲
> b．財務報告に係る内部統制の評価手続
> c．財務報告に係る内部統制の評価結果
> d．付記事項等の内容

このように，内部統制報告書が適正に表示されているかどうかは，あくまで表示の問題であるから，財務報告に係る内部統制の不備・重大な欠陥の有無という問題とは局面を異にする。つまり，結論としては，財務報告に係る内部統制に不備があり，それにより重大な欠陥があると評価される場合であっても，

---

15) 日本公認会計士協会「財務報告に係る内部統制の監査に関する実務上の取扱い」（2007年）。

公認会計士が監査して，そのような経営者の判断が正しいということであれば，無限定適正意見が表明される。つまり，内部統制報告書に経営者が重大な欠陥があると記載した場合であっても，その記載内容が正しければ無限定適正意見が監査人によって表明される点には注意が必要である。

④ 追記情報

追記情報として，以下の事項その他の内部統制監査を実施した公認会計士又は監査法人が説明又は強調することが適当であると判断した事項を記載する必要がある（内部統制府令6条5項）。

> a．内部統制報告書に財務報告に係る内部統制に重要な欠陥がある旨及びそれが是正されない理由を記載している場合において，当該記載が適正であると判断して無限定適正意見を表明するときは，当該重要な欠陥が財務諸表に及ぼす影響
> b．前号の場合において，当該事業年度末日後に，重要な欠陥を是正するために実施された措置がある場合は，その内容
> c．財務報告に係る内部統制の有効性の評価に重要な影響を及ぼす後発事象
> d．内部統制報告書において，経営者の評価手続の一部が実施できなかったことについて，やむを得ない事情によると認められるとして無限定適正意見を表明する場合において，十分な評価手続を実施できなかった範囲及びその理由

前記③のとおり仮に内部統制に重大な欠陥があったとしても，内部統制報告書にその旨記載してある場合は，内部統制報告書の表示のあり方としては適正という評価になり，無限定適正意見を表明することは可能である。しかしながら，無限定適正意見を見た者において，内部統制自体が適正との意見が表明されたとの誤解が生じる可能性がある。そのため，このような追記情報の記載が要求されたのである。

⑤ 公認会計士法25条2項の規定により明示すべき利害関係

　公認会計士法25条2項及び公認会計士等に係る利害関係に関する内閣府令8条の規定により記載すべき事項を記載する（内部統制府令ガイドライン6－2）。

　なお，当該内部統制監査に係る業務を執行した社員と被監査会社等との間の利害関係も含む（内部統制府令ガイドライン6－1）。

(6) 内部統制監査報告書の作成と提出

　内部統制監査報告書は，監査報告書作成の負担を軽減するとともに，監査報告書利用の利便性に配慮して，やむを得ない理由がある場合を除き，財務諸表監査の監査報告書と合わせて作成するものとされている（内部統制府令7条）。金融庁のガイドラインによれば，財務諸表監査における監査報告書の次に内部統制監査報告書を付記する形式によるものとされている（同ガイドライン7－1）。

　なお，ここでいう「やむを得ない理由」とは，やむを得ない事情等により，財務諸表監査の監査報告書又は内部統制監査報告書の一方が提出期限までに提出できないような場合が考えられる。

(7) 内部統制監査報告書の開示

　提出日から5年間公衆縦覧される（法25条1項6号）。

8　内部統制報告書の虚偽記載等に関する法的責任

(1) 金融商品取引法上の刑事責任

　内部統制報告書及びその添付資料の提出義務のある者がそれを提出しない場合は，それらの提出義務がある者は，個人の刑事責任として，5年以下の懲役若しくは500万円以下の罰金又は併科が定められている（法197条の2第5号）。

　上記の場合の法人の刑事責任としては，5億円以下の罰金が定められている（法207条1項2号）。

　また，重要な事項について虚偽のある内部統制報告書を提出した場合の個人の刑事責任は，未提出の場合と同様に5年以下の懲役若しくは500万円以下の罰金又はこれらの併科であり（法197条の2第6号），法人の刑事責任も未提出の場合と同様に5億円以下の罰金である（法207条1項2号）。

(2) 金融商品取引法上の民事責任

　虚偽記載等（重要な事項について虚偽の記載があり，又は記載すべき重要な事項若しくは誤解を生じさせないために必要な重要な事項の記載が欠けているとき）のある内部統制報告書に基づき公衆縦覧期間中（提出日から5年間・法25条1項6号）に流通市場において有価証券を取得した者は，発行会社及びその役員等に対し損害賠償を請求できる。これは，有価証券報告書・半期報告書の虚偽記載の賠償責任と同様の責任である。

　以下，会社の責任と役員等の責任にわけて説明する。

① 会社の責任（法21条の2）

　　内部統制報告書に虚偽記載等（重要な事項について虚偽の記載があり，又は記載すべき重要な事項若しくは誤解を生じさせないために必要な重要な事項の記載が欠けているとき）があった場合は，その提出者は，公衆縦覧期間中（提出日から5年間）に流通市場において有価証券を取得した者が被った損害を賠償しなければならない。

　　具体的な要件は以下のとおりである。

> a．請求権者
> 　公衆縦覧中（提出日から5年間・法25条1項6号）に，募集・売出しによらないで有価証券を取得した者である。但し，虚偽記載等について悪意の者は要保護性がないので除かれる。
>
> b．損害額
> 　損害額は虚偽記載等により請求権者が被った損害である。これについては請求権者が自ら立証するのが原則である。しかし，この立証は必ずしも容易ではない。そこで，損害額についての推定規定が設けられている（法21条の2第2項）。具体的には，虚偽記載等の事実が公表されたときは，当該有価証券を公表前1年以内に取得し公表日に所有する者は，公表日前1か月間の平均市場価額（又は処分推定価額）の平均額から公表日後1か月間の平均市場価額を差し引いた額を，当該書類の虚偽記載等に

より生じた損害額とすることができる。なお，会社はこの推定規定の適用に対して，「その請求権者が受けた損害の額の全部又は一部が，当該書類の虚偽記載等によって生ずべき当該有価証券の値下り以外の事情により生じたことを証明したときは，その全部又は一部については，賠償の責めに任じない。」とすることができる（法21条の2第4項）。すなわち，因果関係がないという反証をすることにより損害額の不存在又は減額を主張することができる。

c．過失の要否

無過失責任である。会社の故意又は過失の有無は問題とならない。

d．因果関係

請求権者は因果関係の証明は不要である。

e．時効

「知った時又は相当な注意をもって知ることができる時」から2年である（法21条の3）。

f．除斥期間

「当該書類の提出された時」から5年である（法21条の3）。

② 役員又は公認会計士等の個人の賠償責任（法24条の4の6，22条，21条1項1号・3号）

内部統制報告書に虚偽記載等があったときは，その会社の役員（取締役，会計参与，監査役若しくは執行役又はこれらに準ずる者）又は公認会計士等（記載が虚偽であり又は欠けているものを虚偽でなく又は欠けていないものとして証明した公認会計士又は監査法人）は，その公衆縦覧期間中（提出日から5年間・法25条1項6号）に流通市場において有価証券を取得した者が被った損害を賠償しなければならない。

具体的な要件は以下のとおりである。

> a．請求権者
>
> 　　会社の責任の場合と同様である。公衆縦覧中に募集・売出しによらないで有価証券を取得した者であるが，虚偽記載等について悪意の者は除かれる。
>
> b．損　害　額
>
> 　　会社に対する責任と異なり損害額の推定規定はない。請求権者が損害額を立証する必要がある。
>
> c．過失の要否
>
> 　　過失責任である。しかし，立証責任が転換されている。具体的には，役員は，「記載が虚偽であり又は欠けていることを知らず，かつ，相当な注意を用いたにもかかわらず知ることができなかった」こと（法21条2項1号），公認会計士・監査法人は「証明をしたことについて故意または過失がなかった」こと(同2号)を証明した場合に免責される。
>
> d．因果関係
>
> 　　会社に対する責任と異なり，原則どおり請求権者が立証する必要がある。
>
> e．時　　効
>
> 　　会社に対する責任と異なり民法724条が適用され，被害者又はその法定代理人が損害額及び加害者を知った時から3年が消滅時効である。
>
> f．除斥期間
>
> 　　会社に対する責任と異なり民法724条が適用され，その不法行為の時から20年である。

③　有価証券報告書の虚偽記載等による損害賠償責任との関係

　有価証券報告書の虚偽記載と，内部統制報告書の虚偽記載等は別個の責任である。通常は，両者が同時に問題となることが多いと思われる。後者だけが意味を有するのは，有価証券報告書には虚偽記載はないが，内部統制報告書には虚偽記載等が存するという場合である。そして，そのような場合は十分に想定

し得る。なぜなら，内部統制報告書に虚偽記載があっても有価証券報告書には虚偽記載がないという場合がありえるからである。

なお，有価証券報告書に記載された事項には虚偽はないとしても，内部統制報告書に虚偽記載等が存するということが明らかになれば，市場の評価は厳しいものになり，その後の株価下落という現象も起こりえる。その場合には，損害額の推定規定（法21条の2第2項）が適用され，会社の反証も容易とは思われない。そのような場合には会社の損害賠償責任が認められる場合も想定しえるので注意が必要である。

(3) 会社法上の責任との関係

法21条の2（会社の責任）の適用があれば，請求権者は請求の要件が緩和される上に，一般的には会社の方が役員ら個人より十分な資力があるので，同条項に基づいて会社に対して損害賠償を請求するものと思われる。

この法21条の2（会社の責任）に基づく請求権は消滅時効が2年であるが，消滅時効は「知った時又は相当な注意をもって知ることができる時から」起算するので，通常の場合は消滅時効にかかるとはいえないであろう。

しかし，問題はそれだけにとどまらない。会社が法21条の2（会社の責任）により請求権者に対し損害賠償をした場合を考えてみると，その支払額は会社の損害であるから，それに関わった役員等は会社が罰金を支払った場合と同様に株主代表訴訟により会社に対する損害賠償責任を追及される可能性がある。

しかも，この場合は消滅時効との関係で重大な問題を惹起する。法21条の2（会社の責任）の消滅時効は請求権者が「知った時」から2年であり，その後会社の損害賠償責任が確定した時点から10年が株主代表訴訟の消滅時効であるから，この問題における時効期間はきわめて長期間なものになる。このように消滅時効の期間が長期化することに注意が必要である。

(4) 相続に伴う問題性

見落としがちな問題であるが，相続に伴う問題も看過することはできない。

たとえば，役員に相続が発生し，妻子が役員の財産を単純承認した後に，役員に対する株主代表訴訟が提起され，役員の責任が認められたというケースを

考えてみたい。この場合は妻子は相続人として被相続人である役員の積極財産だけでなく消極財産も包括的に承継する。そのため、仮に被相続人から承継した積極財産が3億円であったとしても、株主代表訴訟における役員（被相続人）の責任が4億円というようなことにでもなれば、妻子は相続した財産だけでなく自らの固有財産をもってして4億円を賠償しなければならない。

　そして、役員の損害賠償責任に関しては一般にD＆O保険（会社役員賠償保険）でカバーすることになっているが、この保険は故意や重過失の場合は適用されない。つまり、役員に故意や重過失があれば相続人は多額の損害賠償義務を負うことになってしまう。

　なお、相続放棄は相続を知った時から3か月以内に申述することが要件であるが、最高裁第二小法廷1984年4月27日判決は、相続後3か月を経過した場合でも相続放棄を認めた。しかし、この事案は被相続人に積極財産がないという事案であり、被相続人に多額の積極財産がある場合にもこの判決の考え方が適用されるのかどうかは明らかではない。また、「相続人が相続財産の全部又は一部を処分したとき」は相続人は単純承認したとみなされてしまい（民法921条1号）、相続放棄ができなくなる。役員の妻子はほとんどの場合は上記の「相続人が相続財産の全部又は一部を処分したとき」に該当してしまい、相続放棄ができなくなるのではないかと思われる。

(5)　その他の問題

　内部統制報告書虚偽記載罪により会社が罰金を支払った場合にも株主代表訴訟が問題となる。なぜなら、会社が支払った罰金は会社の損害になるからである。罰金の原因行為に関わった役員等は株主代表訴訟により会社に対する損害賠償責任を追及される可能性があることに注意しなければならない。

　役員等の法的責任は非常に重いものになっていることに注意が必要である。

　なお、内部統制報告書の虚偽記載については、虚偽記載のある有価証券報告書等、四半期・半期・臨時報告書等を提出した場合（法172条の2）と異なり課徴金納付命令制度はないことを最後に付言する（ただし、課徴金については、金融庁において、現在、包括的な見直しの最中であり、今後の動向に注意する必要がある。）。

第5章　内部統制対応の現状と課題

1　2つの内部統制制度への対応

　前章までの記述に明らかなように，会社法と金融商品取引法のそれぞれが求める内部統制は，企業における有効な内部統制の整備・運用を図るために，それぞれの法目的に応じた規制を行っているものと解されるが，両者の適用を受ける大会社かつ上場企業の場合には，両者を別途，整備することは非効率的であり，経営者のリスク認識に基づいて，自社にとって適切な内部統制を総体として整備・運用することが効率的であり，有効な内部統制の実施に繋がるものと考えられるのである。

　本書では，かかる問題意識の下，前章までにおいて，2つの内部統制制度における法的責任問題を検討してきた。法律上求められている最低限の枠組みを明らかにすることで，内部統制の整備がいかに各企業の状況に応じて行われるべきものか，言い換えれば，内部統制制度が，いかに各企業及び各経営者の自主的裁量に多くを委ねているかが理解されるのではないかと思われる。

　こうしたわが国の内部統制制度に対して，各企業はいかに対応しているのであろうか。

　金融商品取引法の下での内部統制報告制度への対応状況については，これまでにも，大手監査法人，研究所，又は経団連[1]等の機関やマスメディアによってアンケート調査が実施されてきている。しかしながら，こうした調査は，回答企業や回答者が一定でなく，また質問事項もアンケートごとに若干異なって

いることから，時系列的な分析を行うことができない。また，無記名アンケート調査の特性として，回答企業がどのような経緯で現状に至っているのかを把握することは，不可能に近いと言わざるを得ないのである。

そこで，本書の執筆の基礎となった日本取締役協会内部統制研究会（座長：植松富司・コニカミノルタホールディングス特別顧問）では，同協会会員企業を対象として，「内部統制に関する組織体制」アンケート調査を定期的に，かつ，企業名は公表しないものの記名式で回答を求める形式で実施していくこととしたのである。

調査は，2007年に3回実施され，第1回アンケート調査では，会社法対応を含む内部統制に関する組織体制全般について，また，第2回アンケート調査及び第3回アンケート調査では，金融商品取引法の下での「財務報告に係る内部統制報告制度」への準備状況に焦点を当てた調査が実施された。今後も，内部統制報告制度の下での報告が実施されるまでの間，具体的には，2009年6月までの間，定期的に調査を実施していくこととしている。

とくに留意すべきは，本調査においては，回答企業が記名式で回答しており，また回答者もほぼ同一人又は同一部署による回答を得られているという点である。これによって，回答企業の内部統制制度への対応の推移が把握できるものと考えている。

調査の概要をまとめれば，次のとおりである。

① 調査目的

内部統制に関する組織体制について，特に内部統制報告制度への取組み体制，準備状況を中心にアンケート調査を行い，実務における検討課題等を明らかにすることで，企業の参考資料とすること。

② 調査方法

日本取締役協会正会員・会員企業に対してアンケート用紙を郵送し，回答いただいたアンケート用紙を郵送等にて回収。

---

1) 日本経済団体連合会経済第二本部『財務報告に係る内部統制報告制度に関する調査概要』，2007年11月2日。

③ 調査の実施時期,及び回答企業数
　第1回アンケート　会社法対応
　　2007年4月実施（5月中旬までに回収），回答企業数85社
　第2回アンケート　内部統制報告制度対応①
　　2007年6月実施（7月中旬までに回収），回答企業数54社
　第3回アンケート　内部統制報告制度対応②
　　2007年10月実施（11月中旬までに回収），回答企業数62社

第1回から第3回のアンケート調査への協力企業のプロフィール（企業規模等）は，以下のとおりである。

（連結）売上高	(社)
1,000億円未満	19
1,000億円以上　5,000億円未満	32
5,000億円以上　1兆円未満	19
1兆円以上　5兆円未満	24
5兆円以上	7
計	101

（連結）総資産	(社)
1,000億円未満	18
1,000億円以上　5,000億円未満	26
5,000億円以上　1兆円未満	18
1兆円以上　5兆円未満	22
5兆円以上	15
計	99

(連結) 従業員数	(社)
1,000人未満	15
1,000人以上　5,000人未満	19
5,000人以上　10,000人未満	19
10,000人以上　50,000人未満	36
50,000人以上	8
計	97

連結子会社数	(社)
なし	2
1社以上　10社未満	19
10社以上　30社未満	24
30社以上　50社未満	14
50社以上　100社未満	14
100社以上	23
計	96

親会社の有無	(社)
親会社有り	9
親会社無し	90
計	99

業　種			
建　設	1	その他製造	3
食　品	9	商　業	14
繊　維	4	金融・保険	17
化　学	7	不 動 産	2
石油・石炭製品	1	陸運・海運・空運	4
窯　業	3	情報・通信	10
非鉄金属	2	サービス	2
機　械	6		
電気機器	10		
精密機器	1		
計			96

※連結対象がない場合は，単体の売上高，総資産，従業員数にて集計。
※アンケートの回答に記載がない場合は，原則として上記プロフィールの集計から除いている。

本章では，以下，第1回調査の概要，並びに，第2回及び第3回調査の概要について，調査の結果とそこから明らかになった点を述べていくこととする。なお，今後については，第4回（2008年2月実施中）以降，年3回の頻度で調査を継続していくことを予定している。

② 会社法対応を中心とした内部統制対応

本節では，2007年4月に実施した第1回アンケート調査結果から，「会社法」対応を含む内部統制に関する組織体制全般についてまとめている。

1 取締役，監査役，監査委員及び監査委員会の体制

まず，調査に当たって，回答企業の属性を把握することとした。概要は以下のとおりであるが，日本取締役協会会員企業ということもあって，回答企業85社中，委員会設置会社が18社（21％）を占めている点を指摘しておく必要があるであろう。そのことを反映して，回答企業における社外取締役の割合は，24％となっている。

また，監査役設置会社における監査役の人数は平均4名，社外監査役の割合が6割強であり，3分の2の回答企業が監査役の補助使用人を設置している。一方，委員会設置会社における監査委員の人数は平均3.7人，監査委員に占める社外取締役の割合は8割強となっており，すべての回答企業が補助使用人を設置している。

(1) 取締役及び社外取締役の体制

取締役の人数 (社)
人数	社数
1名	0
2名	0
3名	1
4名	2
5名	2
6名	1
7名	13
8名	11
9名	7
10名	17
11名	12
12名	4
13名	3
14名	3
15名～	9
平均	10.9人

うち社外取締役の人数 (社)
人数	社数
0名	27
1名	4
2名	21
3名	13
4名	8
5名	4
6名	3
7名	4
8名	0
9名	0
10名	1
平均	2.2人

社外取締役の割合 (社)
社外取締役なし	27
1％以上 25％未満	16
25％以上 50％未満	27
50％以上 75％未満	14
75％以上 99％未満	1
全員が社外取締役	0
計	85
平　均	24％

(2) 監査役設置会社における監査役及び監査役の補助使用人の体制

監査役の人数	(社)
1名	0
2名	0
3名	14
4名	38
5名	13
6名	2
計	67
平　均	4.0人

うち社外監査役の人数	(社)
1名	1
2名	35
3名	27
4名	4
5名	0
6名	0
計	67
平　均	2.5人

監査役に占める社外監査役の割合	(社)
社外監査役なし	0
1％以上　25％未満	0
25％以上　50％未満	26
50％以上　75％未満	25
75％以上　99％未満	10
全員が社外監査役	6
計	67
平　均	63％

監査役会の設置	(社)
監査役会を設置している	64
監査役会を設置していない	2
計	66

監査役の補助使用人	(社)
監査役の補助使用人を設置している	44
監査役の補助使用人を設置していない	22
計	66

監査役の補助使用人	(社)
0名	22
1名	10
2名	15
3名	6
4名	8
5名以上	4
計	65
平　均	3.0人

うち専担者の人数	(社)
0名	9
1名	9
2名	9
3名	4
4名	6
5名以上	3
計	40
平　均	2.3人

専担者の割合	(社)
専担者なし	9
1％以上　25％未満	0
25％以上　50％未満	2
50％以上　75％未満	3
75％以上　99％未満	0
全員が専担者	26
計	40
平　均	71％

(3) 委員会設置会社における監査委員及び監査委員会の補助使用人の体制

監査委員の人数	(社)
3名	9
4名	5
5名	4
6名以上	0
計	18
平均	3.7人

うち社外取締役の人数	(社)
2名	5
3名	9
4名	2
5名	2
計	18
平均	3.1人

監査委員に占める社外取締役の割合	(社)
50％以上 75％未満	7
75％以上 99％未満	3
全員が社外監査役	8
計	18
平均	82％

監査委員会の補助使用人	(社)
監査委員会の補助使用人を設置している	18
監査委員会の補助使用人を設置していない	0
計	18

監査委員会の補助使用人	(社)
0名	0
1名	3
2名	4
3名	3
4名	2
5名以上	6
計	18
平均	4.3人

うち専担者の人数	(社)
0名	3
1名	3
2名	3
3名	2
4名	1
5名以上	5
計	17
平均	2.8人

専担者の割合	(社)
専担者なし	3
1％以上 25％未満	0
25％以上 50％未満	1
50％以上 75％未満	0
75％以上 99％未満	0
全員が専担者	13
計	17
平均	79％

(4) 監査役又は監査委員会の活動状況

会社法の下では、内部統制の整備状況のモニタリングは監査役又は監査委員会に委ねられていると解されるが、監査役又は監査委員会のみの活動によってそれが実施できるわけではない。前述の補助使用人の利用とともに、外部監査人及び内部監査人との連携が欠かせないものと考えられる。

以下の調査結果によれば、監査役又は監査委員会の活動状況については、83％に及ぶ企業において、監査役又は監査委員会が、外部監査人、内部監査人それぞれと定期的に会合を持っており、それらの業務の状況等を定期的に評価していることがわかる。

また、監査役又は監査委員会が情報を適時かつ的確に入手する手段の確保も必要であると考えられるが、ほとんどの企業において、監査役又は監査委員会が財務情報や事業運営情報を入手する手続が定められている。さらには、個人情報保護法の下で広く企業において整備が進められた内部通報制度、すなわち、役員や社員による不適切な行為などを社内で適切な部署において受付る体制の整備の観点から、81％の企業において、監査役又は監査委員会がかかる部署として位置づけられていることが明らかとなった。

① 監査役又は監査委員会は、経営者を交えずに外部監査人と内部監査人それぞれとの定期的な会合

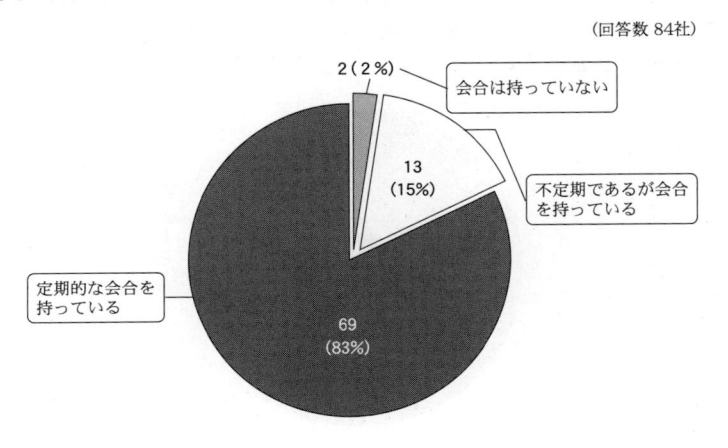

(回答数 84社)

- 定期的な会合を持っている: 69 (83%)
- 不定期であるが会合を持っている: 13 (15%)
- 会合は持っていない: 2 (2%)

② 監査役又は監査委員会による外部監査人の適格性や内部監査部門の業務についての毎年の評価

(回答数 83社)

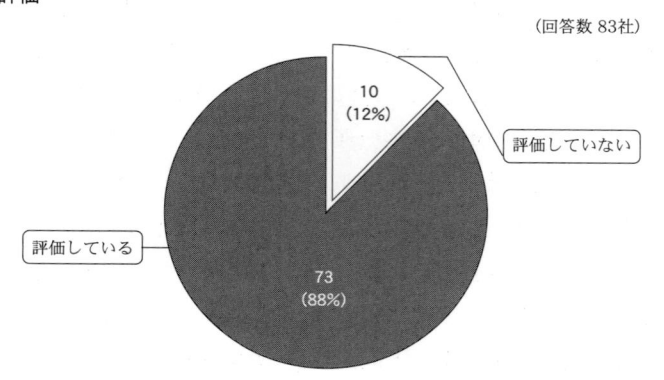

- 評価している: 73 (88%)
- 評価していない: 10 (12%)

③ 財務情報やその他の事業運営情報を監査役又は監査委員会自ら入手する手段の保証

(回答数 85社)

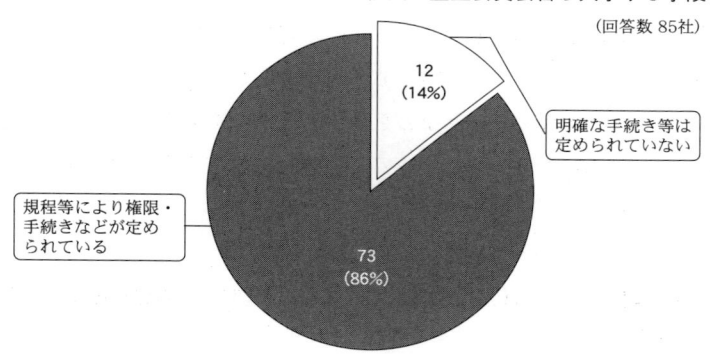

- 規程等により権限・手続きなどが定められている: 73 (86%)
- 明確な手続き等は定められていない: 12 (14%)

④ 役員や社員による不適切な行為や企業経営にとって重要な情報を，社員から監査役又は監査委員会に直接伝達するプロセス（内部通報制度等）の確保

(回答数 85社)

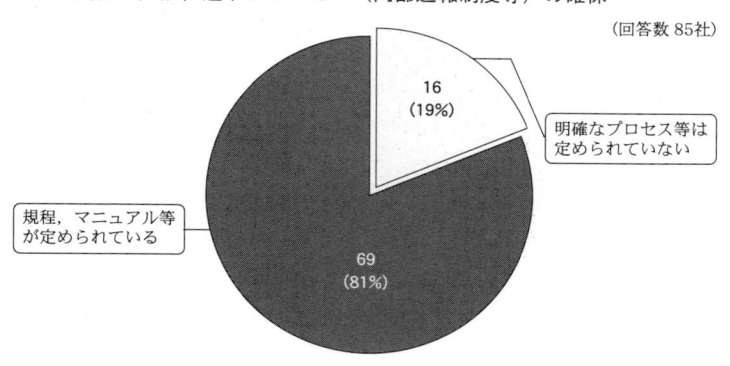

- 規程，マニュアル等が定められている: 69 (81%)
- 明確なプロセス等は定められていない: 16 (19%)

2 内部監査部門の体制

 内部監査部門は，内部統制プロセスにおけるモニタリング機能として必要不可欠な部署である。回答企業のほぼ全社が，内部監査の専担部門を設置済と回答している。

 また，内部監査部門へ配置される人員の数には，かなりばらつきがある。しかしながら，現在の内部監査部門の中心的な課題が，準拠性監査及び業務監査とされている企業が多いのに対して，今後は，内部統制の有効性監査に力点をおいていきたいとする回答が56社に上ることから，今後，内部統制報告制度への対応の過程で，人員も増員されていくことが予想されるところである。さらに，それに伴って，現在，28％に過ぎない公認内部監査人等の有資格者のキャリア採用も，増加していくことであろう。

① 内部監査部門の設置状況及び人員体制（設置予定の場合は想定される体制）
　　［内部監査部門の設置状況］

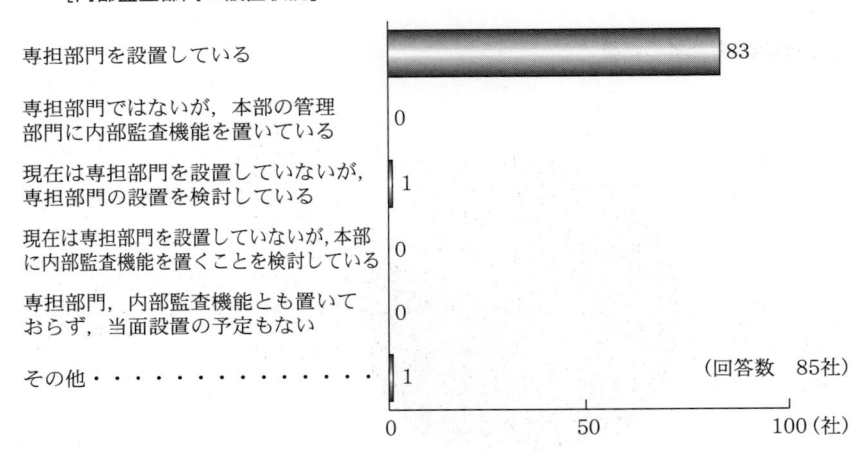

項目	社数
専担部門を設置している	83
専担部門ではないが，本部の管理部門に内部監査機能を置いている	0
現在は専担部門を設置していないが，専担部門の設置を検討している	1
現在は専担部門を設置していないが，本部に内部監査機能を置くことを検討している	0
専担部門，内部監査機能とも置いておらず，当面設置の予定もない	0
その他	1

（回答数　85社）

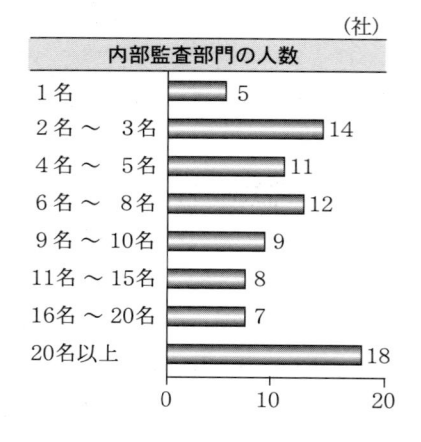

内部監査部門の人数	(社)
1名	5
2名～3名	14
4名～5名	11
6名～8名	12
9名～10名	9
11名～15名	8
16名～20名	7
20名以上	18

専担者の人数	(社)
0名	4
1名	6
2名～3名	19
4名～5名	9
6名～8名	8
9名～10名	6
11名～15名	9
16名～20名	4
20名以上	15
計	80

兼務者の人数	(社)
0名	49
1名	8
2名～3名	6
4名～9名	7
10名以上	3
計	73

② 内部監査担当者の配置

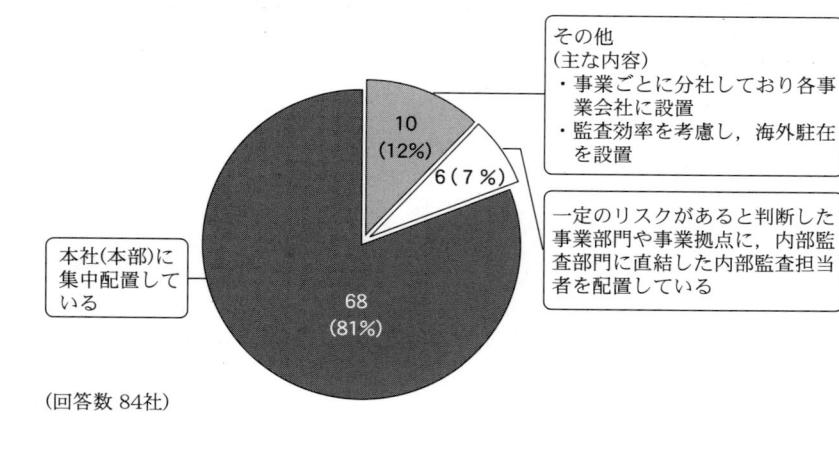

- 本社(本部)に集中配置している: 68 (81%)
- その他: 10 (12%)
  (主な内容)
  ・事業ごとに分社しており各事業会社に設置
  ・監査効率を考慮し，海外駐在を設置
- 一定のリスクがあると判断した事業部門や事業拠点に，内部監査部門に直結した内部監査担当者を配置している: 6 (7%)

(回答数 84社)

③ 内部監査部門には専門的知識のある人材の採用（キャリア採用）状況

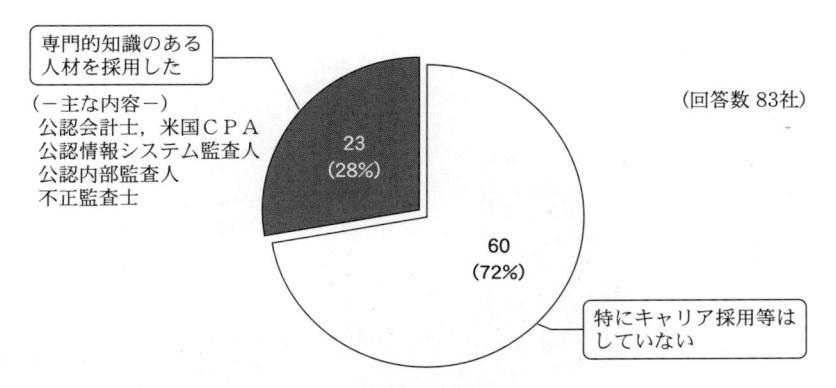

専門的知識のある
人材を採用した
（－主な内容－）
公認会計士，米国ＣＰＡ
公認情報システム監査人
公認内部監査人
不正監査士

23 (28%)

60 (72%)

特にキャリア採用等は
していない

（回答数 83社）

④ 内部監査の力点は何におかれているか（複数回答）

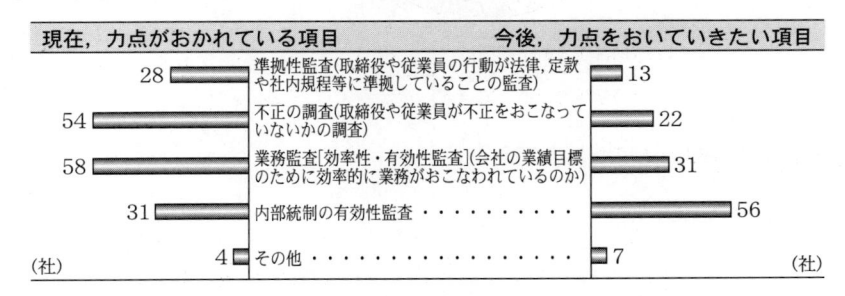

現在，力点がおかれている項目	項目	今後，力点をおいていきたい項目
28	準拠性監査(取締役や従業員の行動が法律,定款や社内規程等に準拠していることの監査)	13
54	不正の調査(取締役や従業員が不正をおこなっていないかの調査)	22
58	業務監査[効率性・有効性監査](会社の業績目標のために効率的に業務がおこなわれているのか)	31
31	内部統制の有効性監査…………	56
4	その他………………………	7
(社)		(社)

3　内部統制を統括する部門（内部統制統括部門）

　金融商品取引法の下での内部統制報告制度対応に当たっては，多くの企業が内部統制統括部門を設置してきている。しかしながら，以下に見るように，内部統制統括部門又は会議体を設置している企業は，2007年4月段階では，64％に過ぎなかった。この数値は，後述（149頁）において示される2007年9月段階での内部統制報告制度対応の「プロジェクト・チームの設置」を行った企業が96％に及んでいることと比較すると，興味深いものと思われる。

　すなわち，会社法の下での内部統制対応は，法務部等の既存の部門で実施してきており，金融商品取引法下での内部統制報告制度の対応に関して，初めて内部統制統括部門の設置の必要に迫られるという実態があると解される。

① 内部統制統括部門[2]の設置

(回答総数 85社，複数回答 1社)

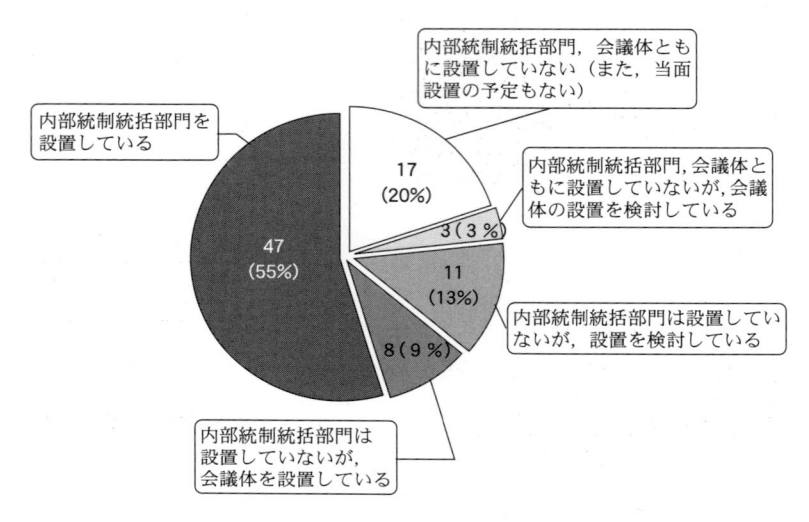

- 内部統制統括部門を設置している: 47 (55%)
- 内部統制統括部門，会議体ともに設置していない（また，当面設置の予定もない）: 17 (20%)
- 内部統制統括部門，会議体ともに設置していないが，会議体の設置を検討している: 3 (3%)
- 内部統制統括部門は設置していないが，設置を検討している: 11 (13%)
- 内部統制統括部門は設置していないが，会議体を設置している: 8 (9%)

② 内部統制統括部門の設置の要因

(複数回答あり)

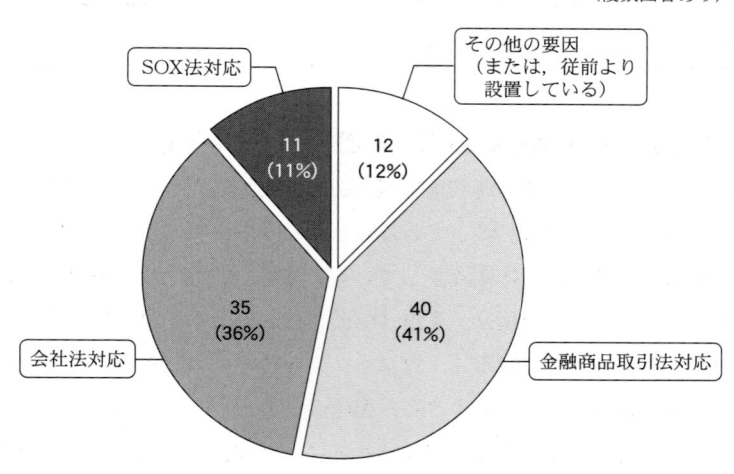

- 金融商品取引法対応: 40 (41%)
- 会社法対応: 35 (36%)
- その他の要因（または，従前より設置している）: 12 (12%)
- SOX法対応: 11 (11%)

---

2) 金融商品取引法対応を目的に設置するプロジェクト・チーム（暫定的な組織）は含まない。

③ 内部統制統括部門には専門的知識のある人材の採用（キャリア採用）

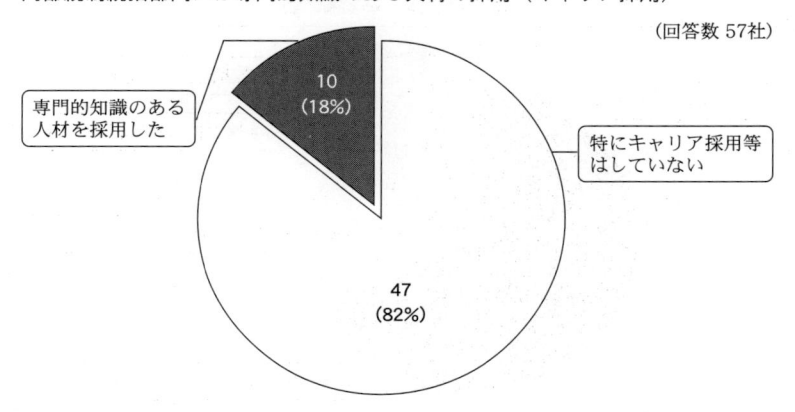

(回答数 57社)

- 専門的知識のある人材を採用した：10 (18%)
- 特にキャリア採用等はしていない：47 (82%)

④ 内部統制統括部門の体制

内部統制統括部門の人数	（社）
1名	2
2名 ～ 3名	8
4名 ～ 5名	8
6名 ～ 8名	15
9名 ～ 10名	3
11名 ～ 15名	5
16名 ～ 20名	5
20名以上	2

責任者の役職	（社）
取締役・執行役・理事	8
執行役員	5
部長・参事	16
室長	15
グループリーダー・次長	5
計	49

専担者の人数	（社）
0名	1
1名	4
2名 ～ 3名	10
4名 ～ 5名	11
6名 ～ 8名	13
9名 ～ 10名	2
11名 ～ 15名	3
16名 ～ 20名	1
20名以上	2
計	47

兼務者の人数	（社）
0名	26
1名	10
2名 ～ 3名	4
4名 ～ 9名	4
10名以上	3
計	47

専 担 者 の 割 合

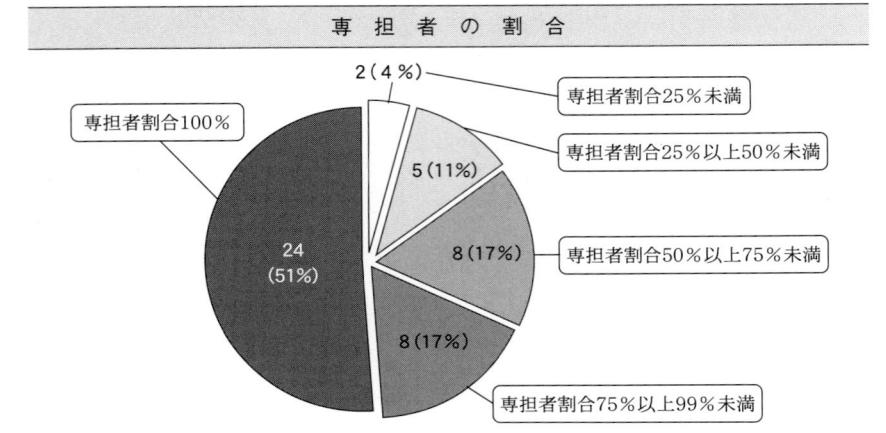

- 専担者割合100%: 24 (51%)
- 2 (4%)
- 専担者割合25%未満: 5 (11%)
- 専担者割合25%以上50%未満: 8 (17%)
- 専担者割合50%以上75%未満
- 専担者割合75%以上99%未満: 8 (17%)

4　会社法への対応

　前述のように，会社法における内部統制関連規定への対応においては，多くの企業が，内部統制統括部門等の新たな組織編成を必要としていないことが想定される。そこで，具体的に，会社法対応の状況を質問して見ると，以下のような結果となった。

　すなわち，会社法施行にあわせて組織体制を変更したとする企業は，全体の27％にとどまっており，役員体制の変更を行ったとする企業においても，変更時期が会社法施行と重なっただけとする回答もあり，実質的に会社法施行を受けて機関設計を含めた役員体制の変更を行った企業はほとんどなかったと解することができるであろう。

　回答結果としては示していないものの，組織体制の変更を行わなかった理由としては，「組織体制が概ね整っていた」とする回答が大半を占めていたことを付言しておきたい。

第5章　内部統制対応の現状と課題　141

① 会社法施行に対応した組織体制の変更

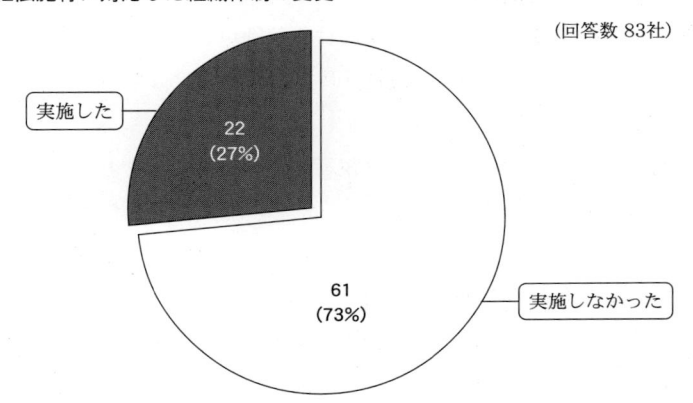

(回答数 83社)

- 実施した： 22 (27%)
- 実施しなかった： 61 (73%)

② 取締役，監査役等，役員の数，構成等の変更及び役員体制以外の組織体制の変更（複数回答あり）

役員体制の変更

項目	社数
取締役の人数を変更した	4
新たに社外取締役を導入した	2
監査役の人数を変更した	1
新たに社外監査役を導入した	1
執行役の人数を変更した	3
執行役員制度を導入した	3

(社)

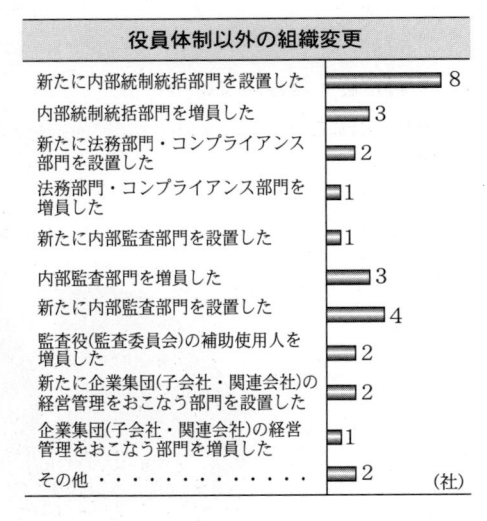

役員体制以外の組織変更

項目	社数
新たに内部統制統括部門を設置した	8
内部統制統括部門を増員した	3
新たに法務部門・コンプライアンス部門を設置した	2
法務部門・コンプライアンス部門を増員した	1
新たに内部監査部門を設置した	1
内部監査部門を増員した	3
新たに内部監査部門を設置した	4
監査役(監査委員会)の補助使用人を増員した	2
新たに企業集団(子会社・関連会社)の経営管理をおこなう部門を設置した	2
企業集団(子会社・関連会社)の経営管理をおこなう部門を増員した	1
その他	2

(社)

5　統制環境の整備状況

　内部統制における最重要の基本的要素は，統制環境である。会社法の内部統制関連規定の多くは，統制環境に関連する部分が大きいと解されることから，統制環境の整備状況を質問として取り上げることとした。

　回答企業のほとんどの企業が「行動規範」等の会社方針を策定しており，また，経営理念や企業行動基準を明文化し，その実施・実現のための具体的な規則・方針等として，リスクマネジメント基本方針やコンプライアンス基本方針等を定めていることが明らかとなった。

　ここでとくに留意すべきは，回答企業の64％が，財務報告に関する基本方針を定めており，さらに，58％の企業では，内容を定期的に見直しているという点である。かかる回答結果が，後述する内部統制報告制度への対応の中で，どのように見直されていったのかが，重要な検討課題であると思われるのである。

(1)　行動規範・経営理念について

① 役員，従業員としての倫理的・道徳的行動の期待水準を示す「行動規範」などの会社方針

(回答数 85社)

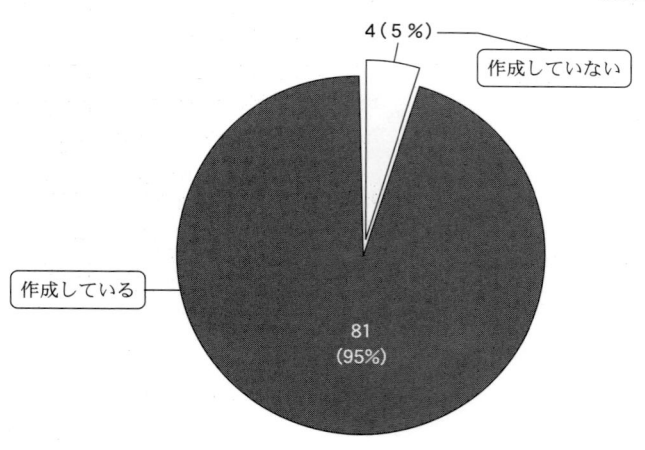

- 作成していない: 4 (5%)
- 作成している: 81 (95%)

② 経営に係る重要な方針・基準の明文化（定めている理念・行動基準等を選択，複数回答あり）

(回答数 83社)

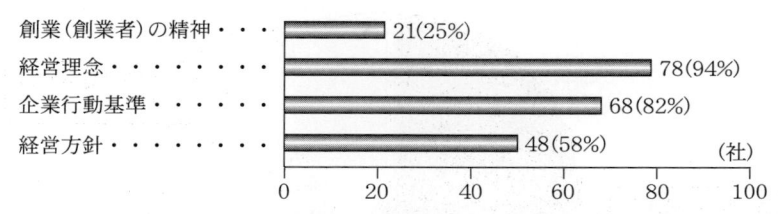

- 創業（創業者）の精神・・・ 21(25%)
- 経営理念・・・・・・・・ 78(94%)
- 企業行動基準・・・・・・ 68(82%)
- 経営方針・・・・・・・・ 48(58%)

③ 経営に係る重要な方針・基準を実施・実現するための具体的・実務的な規則・方針等（定めている規則・方針等を選択，複数回答あり）

(回答数 78社)

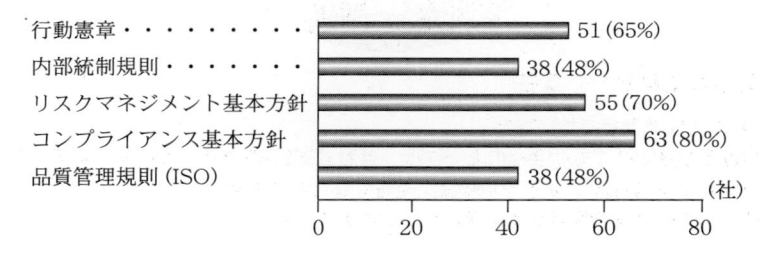

- 行動憲章・・・・・・・・・ 51(65%)
- 内部統制規則・・・・・・・ 38(48%)
- リスクマネジメント基本方針 55(70%)
- コンプライアンス基本方針 63(80%)
- 品質管理規則（ISO） 38(48%)

(2) 財務報告の基本方針

① 経営者による財務報告の基本方針の明示

(回答数 80社)

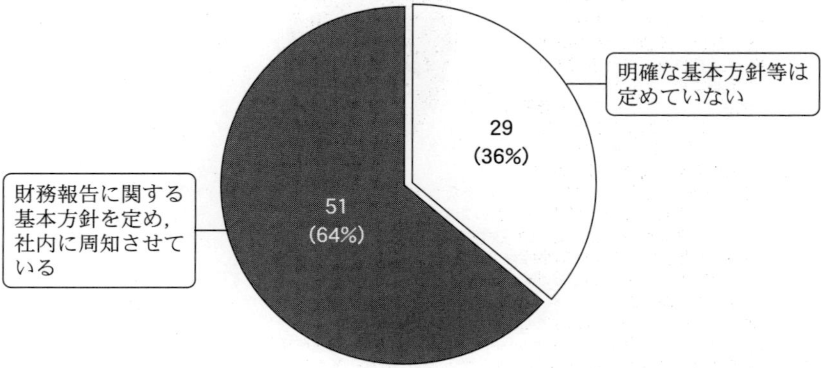

- 財務報告に関する基本方針を定め，社内に周知させている：51(64%)
- 明確な基本方針等は定めていない：29(36%)

② 経営者による信頼性のある財務報告の作成に必要とされる知識定式化と定期的な見直し

(回答数 80社)

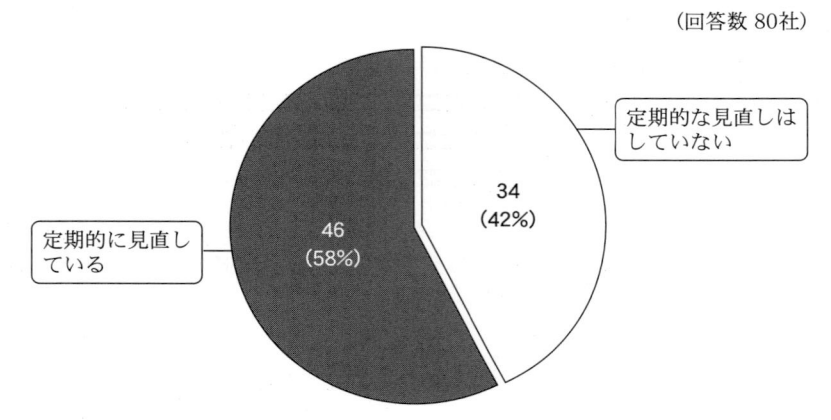

- 定期的に見直している 46 (58%)
- 定期的な見直しはしていない 34 (42%)

(3) 重要な業務執行の委任

① （委員会設置会社でない場合）

委員会設置会社でない会社においては，会社法362条の規定により同条4項の事項以外の重要な業務執行の決定を取締役に委任することができます。にもかかわらず，取締役に委任せず取締役会専決事項としているものがありますか。

(回答数 59社)

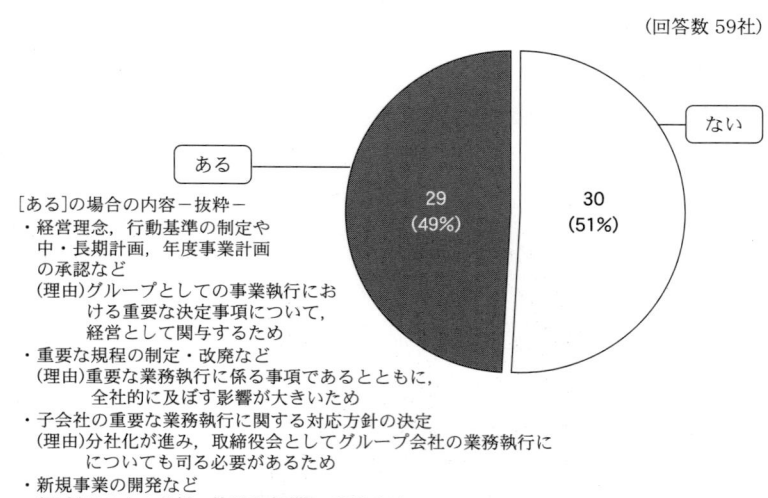

- ある 29 (49%)
- ない 30 (51%)

[ある]の場合の内容－抜粋－
・経営理念，行動基準の制定や
　中・長期計画，年度事業計画
　の承認など
　(理由)グループとしての事業執行における重要な決定事項について，
　　　　経営として関与するため
・重要な規程の制定・改廃など
　(理由)重要な業務執行に係る事項であるとともに，
　　　　全社的に及ぼす影響が大きいため
・子会社の重要な業務執行に関する対応方針の決定
　(理由)分社化が進み，取締役会としてグループ会社の業務執行に
　　　　についても司る必要があるため
・新規事業の開発など
　(理由)リスクの分析，検討を会議体で行うため
・経営の透明性を高め，コーポレート・ガバナンスを推進するため
　重要事項は基本的に取締役会で決議すべきであると考えるため

② （委員会設置会社である場合）
　委員会設置会社においては，会社法416条の規定により同条1項1号の事項及び同条4項各号に規定する以外の業務執行の決定を執行役に委任することができます。にもかかわらず，執行役に委任せず取締役会専決事項としているものがありますか。

(回答数 18社)

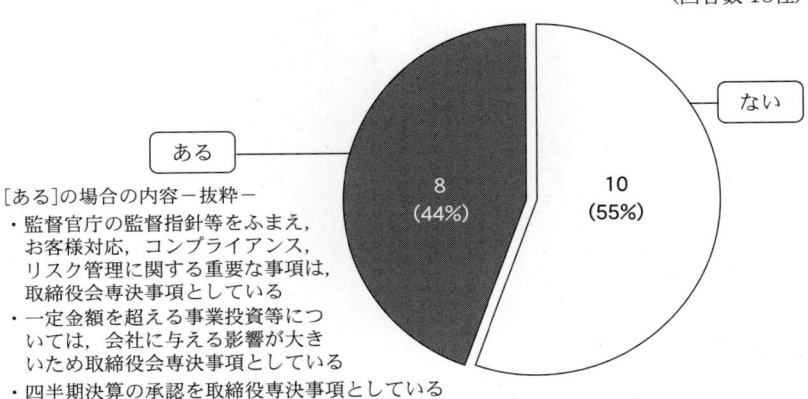

ある 8 (44%)
ない 10 (55%)

[ある]の場合の内容－抜粋－
・監督官庁の監督指針等をふまえ，お客様対応，コンプライアンス，リスク管理に関する重要な事項は，取締役会専決事項としている
・一定金額を超える事業投資等については，会社に与える影響が大きいため取締役会専決事項としている
・四半期決算の承認を取締役専決事項としている

(4) 職務規定・権限規定

① 経営者と管理職者の職務規定（取締役会規定，職務分掌規定等）

(回答数 85社)

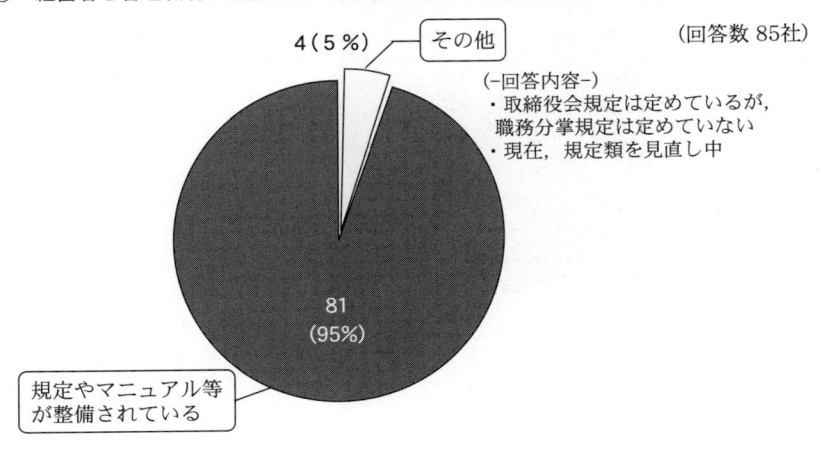

規定やマニュアル等が整備されている 81 (95%)
その他 4 (5%)

(－回答内容－)
・取締役会規定は定めているが，職務分掌規定は定めていない
・現在，規定類を見直し中

② 権限及び職責の分担や職務の分掌に関する社内規定

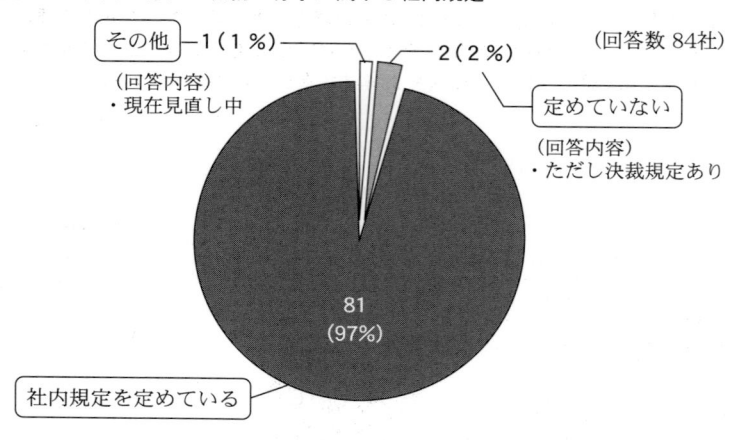

(回答数 84社)

- その他 1（1%）
  - （回答内容）
  - ・現在見直し中
- 定めていない 2（2%）
  - （回答内容）
  - ・ただし決裁規定あり
- 社内規定を定めている 81（97%）

(5) 子会社の経営管理方針

① 経営者による直接又は経営管理部門を通じての，子会社の経営内容が全社的方針と整合性があるかの定期的な検証

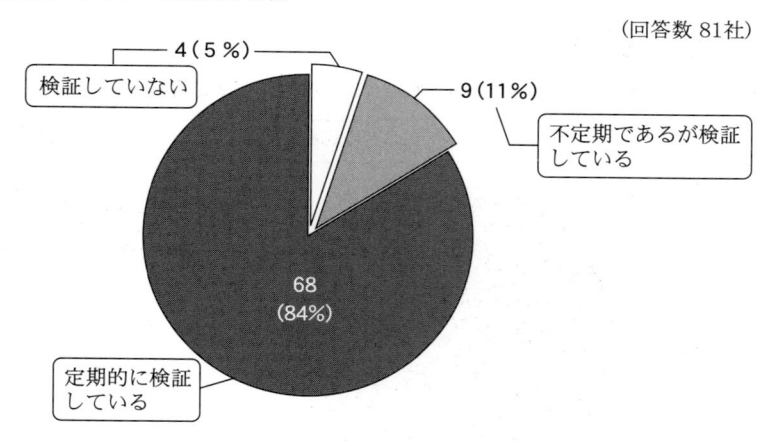

(回答数 81社)

- 検証していない 4（5%）
- 不定期であるが検証している 9（11%）
- 定期的に検証している 68（84%）

③ 内部統制報告制度に向けた準備状況

次に，第3回アンケート調査結果を中心に（適宜，第2回アンケート調査結果の一部を引用しながら），2008年（平成20年）4月1日以降開始する事業年度より適用開始となる内部統制報告制度に向けた企業の準備状況の整理をしてみたい。

第3回アンケート調査の回答企業の76％が3月決算であることから，当該企業にとっては調査を実施した2007年10月という時期は，内部統制報告制度の適用開始まで半年を切ったタイミングであった。

なお，回答企業には，SOX法対象の企業も一部含まれている。

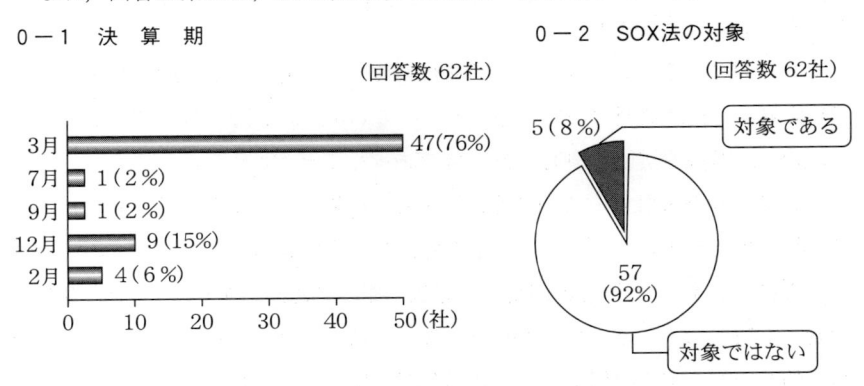

0-1　決　算　期　　　　　　　　　　　0-2　SOX法の対象

（回答数 62社）　　　　　　　　　　　　　（回答数 62社）

3月　47（76％）
7月　1（2％）
9月　1（2％）
12月　9（15％）
2月　4（6％）

5（8％）対象である
57（92％）対象ではない

1 内部統制報告制度に向けた準備の進捗状況

2007年9月末時点における企業の内部統制報告制度に対する準備の進捗状況を把握するために，本調査では，企業会計審議会公表の「財務報告に係る内部統制の評価及び監督に関する実施基準」（以下，「実施基準」）に示されている「5．財務報告に係る内部統制構築のプロセス」を参考に調査項目を設定した。

以下，その概要を示すこととする。なお，質問においては，それぞれの項目について，「9月末時点で対応済である」，「法適用までに対応予定である」[3]，

---

[3] ここで「法適用までに」とは，「自社が法適用となる事業年度開始まで」を指すものとしている。

又は「対応する予定がない」のいずれかを選択することを求めている。

なお，本節においては，準備状況を検討する観点から，回答企業のうち3月決算企業の準備の進捗状況についてグラフ表示し，3月決算以外の企業の調査結果を注記（◆）している。

(1) 基本的計画及び方針の決定

基本的計画のうち，最も進められていたのが，プロジェクト・チームの設置であった。回答企業のほぼ全社がプロジェクト・チーム[4]を設置して準備を進めている。第2回の調査によるプロジェクト・チームの設置時期の調査を勘案すると，多くの企業が，企業会計審議会の内部統制の意見書の公表又はそれに先立つ実施基準の公開草案の公表を契機として，プロジェクト・チームを設置してきているように思われる。

また，回答企業の9割弱が，9月末時点で「全社的な内部統制の評価項目の(仮)決定」，「評価範囲の(仮)決定」を行っており，企業側において，これらの事項が内部統制報告制度対応の第一歩であったことがわかる。

一方で，9月末段階においても，「決算・財務プロセス／重要な業務プロセスについてのパイロットテスト」を実施済の企業は58％にとどまっている。

さらに留意すべきは，「内部統制の方針・原則の確認」が76％，「社内教育の開始」も74％にとどまっている点である。プロジェクトの立ち上げ，あるいは，全社的な内部統制の評価項目例や評価範囲の仮決定がこれらの項目に先行していることは，対処療法的な内部統制の構築が進められていったのではないかとの懸念を惹起するものである。

---

4) プロジェクト・チームの設置には，プロジェクト推進を目的として，内部統制統括部署を設置することを含む。

① プロジェクト・チームの設置

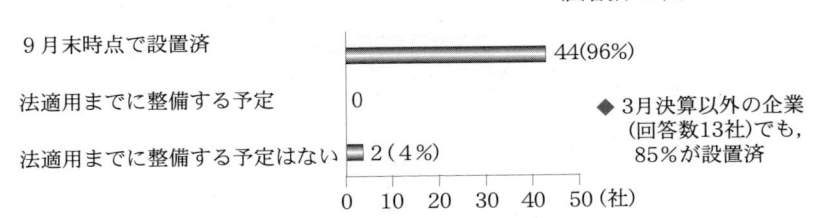

(回答数 46社)

- 9月末時点で設置済　44(96%)
- 法適用までに整備する予定　0
- 法適用までに整備する予定はない　2(4%)

◆3月決算以外の企業(回答数13社)でも，85％が設置済

【第2回アンケート調査結果】
　第2回アンケート調査では，プロジェクト・チーム（ＰＴ）の設置時期を調査している。6月時点でＰＴを設置済の企業のうち6割は，2006年12月までにＰＴを設置しており，残り4割は，2007年1月以降にＰＴを設置している。

② 内部統制の方針・原則確認

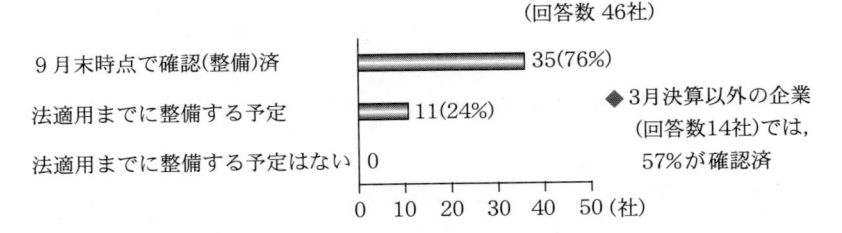

(回答数 46社)

- 9月末時点で確認(整備)済　35(76%)
- 法適用までに整備する予定　11(24%)
- 法適用までに整備する予定はない　0

◆3月決算以外の企業(回答数14社)では，57％が確認済

③ 評価作業チームの設置

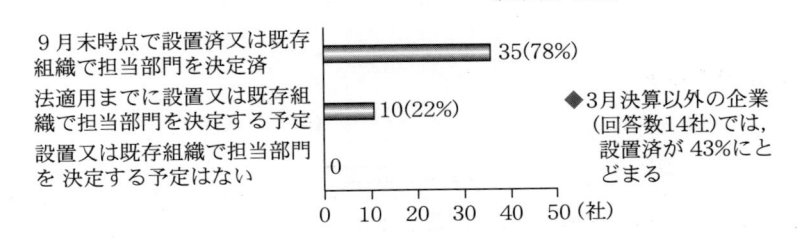

(回答数 45社)

- 9月末時点で設置済又は既存組織で担当部門を決定済　35(78%)
- 法適用までに設置又は既存組織で担当部門を決定する予定　10(22%)
- 設置又は既存組織で担当部門を決定する予定はない　0

◆3月決算以外の企業(回答数14社)では，設置済が43％にとどまる

・全社的な内部統制の評価項目の（仮）決定

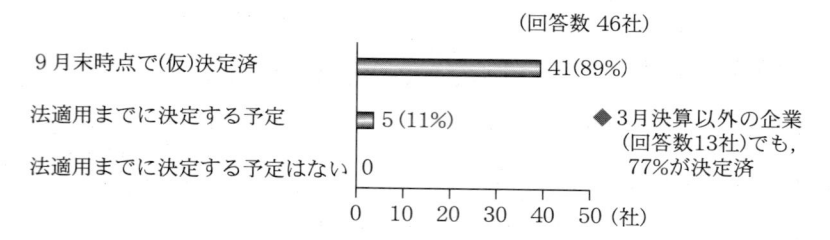

（回答数 46社）

- 9月末時点で(仮)決定済　41(89%)
- 法適用までに決定する予定　5(11%)
- 法適用までに決定する予定はない　0

◆3月決算以外の企業（回答数13社）でも，77%が決定済

・評価範囲の（仮）決定

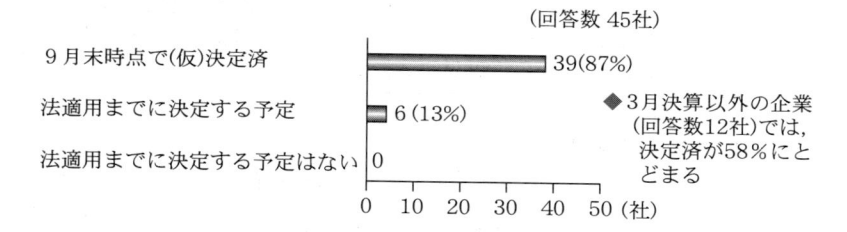

（回答数 45社）

- 9月末時点で(仮)決定済　39(87%)
- 法適用までに決定する予定　6(13%)
- 法適用までに決定する予定はない　0

◆3月決算以外の企業（回答数12社）では，決定済が58%にとどまる

・決算・財務プロセス／重要な業務プロセスについてのパイロットテスト

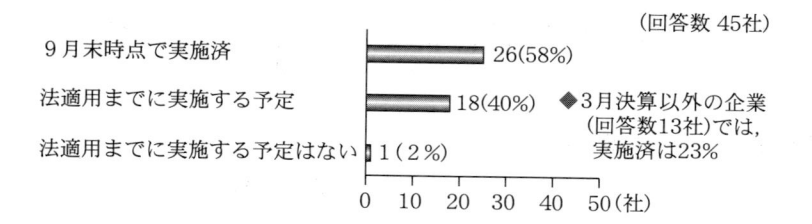

（回答数 45社）

- 9月末時点で実施済　26(58%)
- 法適用までに実施する予定　18(40%)
- 法適用までに実施する予定はない　1(2%)

◆3月決算以外の企業（回答数13社）では，実施済は23%

・社内教育の開始

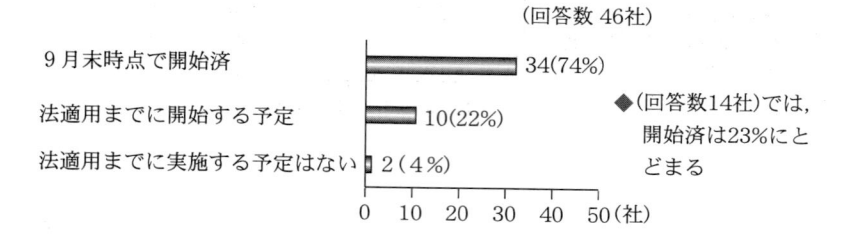

（回答数 46社）

- 9月末時点で開始済　34(74%)
- 法適用までに開始する予定　10(22%)
- 法適用までに実施する予定はない　2(4%)

◆（回答数14社）では，開始済は23%にとどまる

(2) 内部統制の整備状況の把握／把握された不備への対応及び是正

　実際の内部統制の整備状況の把握及び評価の段階については，9月末段階では，まだ多くの企業が対応できていない状況が見受けられる。

　たとえば，「全社的な内部統制についての整備状況の評価」を実施済の企業は46％であり，「決算・財務プロセス」，「その他の業務プロセス」に関して「業務の流れ図」・「業務記述書」・「リスクと統制の対応」(いわゆる文書化3点セット)を作成済の企業も48％である。それらによって把握された「重要な欠陥の是正，不備の改善」の段階に進んでいる企業となると，11％に過ぎず，法適用までに対応するとしている企業がほとんどである。

① 全社的な内部統制についての整備状況の評価実施

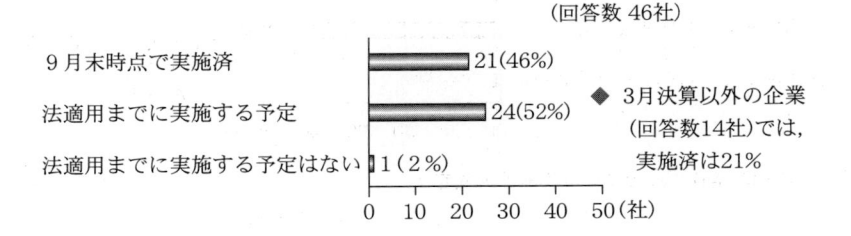

(回答数 46社)

- 9月末時点で実施済　　　　　　21(46％)
- 法適用までに実施する予定　　　24(52％)
- 法適用までに実施する予定はない　1(2％)

◆ 3月決算以外の企業(回答数14社)では，実施済は21％

・重大な欠陥の是正，不備の改善

(回答数 45社)

- 9月末時点で対応済　　　　　　5(11％)
- 法適用までに対応する予定　　　38(84％)
- 法適用までに対応する予定はない　2(4％)

◆ 3月決算以外の企業(回答数14社)では，対応済は7％

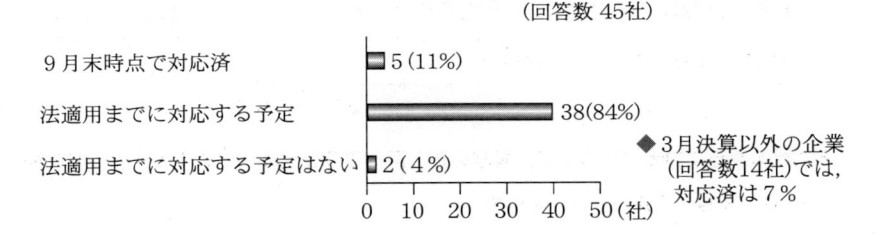

② 決算・財務プロセスについて，業務の流れ図・業務記述書・リスクと統制の対応表（いわゆる文書化3点セット）を作成

(回答数 46社)

- 9月末時点で作成済: 22 (48%)
- 法適用までに作成完了予定: 24 (52%)
- 作成完了は法適用後の見込み: 0

◆3月決算以外の企業（回答数14社）では，全社が現在作成中と回答

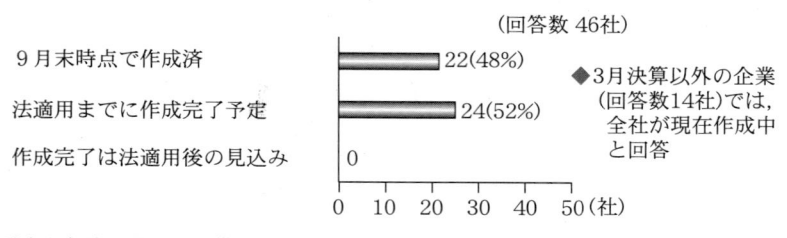

・重大な欠陥の是正，不備の改善

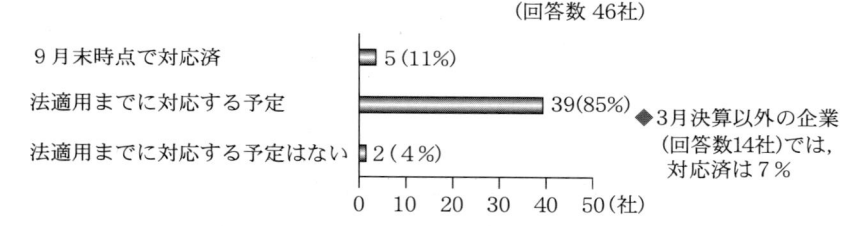

(回答数 46社)

- 9月末時点で対応済: 5 (11%)
- 法適用までに対応する予定: 39 (85%)
- 法適用までに対応する予定はない: 2 (4%)

◆3月決算以外の企業（回答数14社）では，対応済は7%

③ その他の業務プロセスの評価範囲の決定

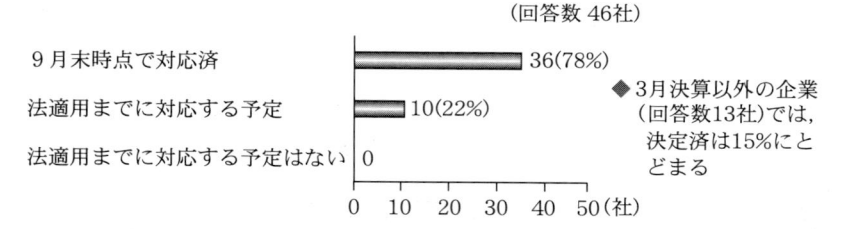

(回答数 46社)

- 9月末時点で対応済: 36 (78%)
- 法適用までに対応する予定: 10 (22%)
- 法適用までに対応する予定はない: 0

◆3月決算以外の企業（回答数13社）では，決定は15%にとどまる

・その他の業務プロセスについて，業務の流れ図・業務記述書・リスクと統制の対応表（いわゆる文書化3点セット）を作成

(回答数 46社)

- 9月末時点で作成済: 18 (39%)
- 法適用までに作成完了予定: 25 (54%)
- 作成完了は法適用後になる見込み: 3 (7%)

◆3月決算以外の企業（回答数12社）では，作成済は17%

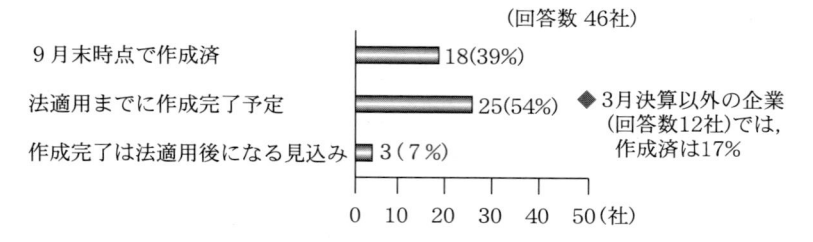

・重大な欠陥の是正，不備の改善

(回答数 45社)

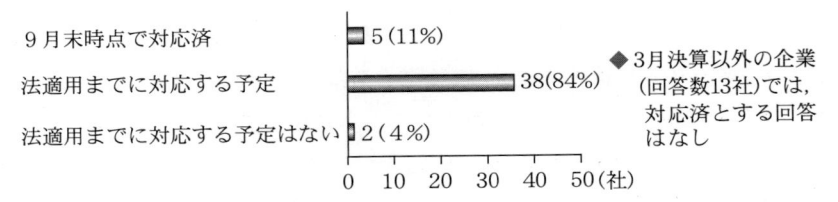

- 9月末時点で対応済　5(11%)
- 法適用までに対応する予定　38(84%)
- 法適用までに対応する予定はない　2(4%)

◆3月決算以外の企業（回答数13社）では，対応済とする回答はなし

(3) 監査人による内部統制監査の試行（ドライラン）の実施

　内部統制報告制度への対応の最終段階と考えられるのが，監査人による内部統制監査の試行（ドライラン）である。

　ドライランの実施についてもたずねてみたが，ドライランを実施済の企業は17%であった。この割合は，上記の対応状況からすれば当然の数値であると思われるが，一方で，「法適用まで実施する予定がない」とする企業が26%に及んでいることが注目に値するであろう。

　企業の内部統制，とくに重要な欠陥の判断を最も適切に行うことができるのは，財務諸表監査の監査人であり，その知見を事前の試行という形で活用せずに，評価と監査の本番をいきなり迎えてしまうことは，かなり多くの問題を残す事態であるように思われるのである。

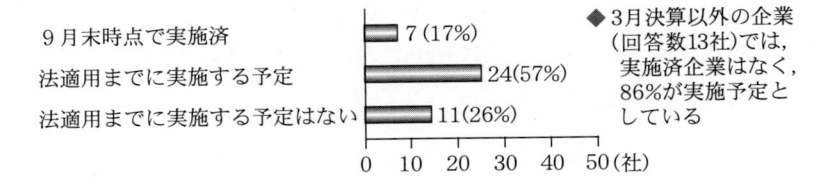

(回答数 42社)

- 9月末時点で実施済　7(17%)
- 法適用までに実施する予定　24(57%)
- 法適用までに実施する予定はない　11(26%)

◆3月決算以外の企業（回答数13社）では，実施済企業はなく，86%が実施予定としている

(4) 内部統制報告制度に対応するためのプロジェクト・チーム

　実施基準では，「Ⅱ.財務報告に係る内部統制の評価及び報告」において一部扱われているものの，実際に，企業ごとに，様々な形で設置されていると思われるプロジェクト・チーム（PT）の具体的内容について，現状を明らかにす

べく,さらなる質問を重ねることとした。

　まず,内部統制報告制度に対応するためにPTを設置している企業の3分の1は,代表取締役の直轄プロジェクトとして推進していることがわかる。PTは,専担メンバーのみで構成されている企業もあるが,専担メンバーを5名前後とし,財務・経理,内部監査,情報システム等の関連部署から幅広く兼務メンバーを募っている状況にあるといえる。また,PTは本社の人員中心に編成されており,子会社等の社員が参加している企業は全体の26％にとどまっている。なお,専門的知識のある人材を採用した(採用予定)とする企業は21％に過ぎない。

　次に,外部アドバイザー等からの助言又はコンサルティングの受け入れについてであるが,回答企業の83％が,監査人からの助言を受けており,同時に,外部アドバイザーからの助言を受けている企業も62％を超えている。一方,「特にアドバイザーからの助言は受けていない」とする企業は5％に過ぎない。なお,外部のアドバイザーとしては,「会計監査人ではない監査法人」「監査法人系コンサルタント」「監査法人のコンサルティング部門」「J－SOX専門コンサルティング会社」等の回答が寄せられていた。

　最後に,PTの体制の見直し状況についてもたずねてみた。「プロジェクト・チームの体制を,第2回アンケート以降,変更(見直し)した」とする企業も28％に及んでいる。このうち,主な変更(見直し)内容として挙げられたのは,「プロジェクト専担メンバーの増員」,「情報システム担当を増員」,「業務プロセスの文書化を行う連結子会社それぞれにプロジェクトを組織化」,「日英翻訳担当の派遣社員の採用」等であった。

第5章　内部統制対応の現状と課題　155

① プロジェクト・チームの位置づけ

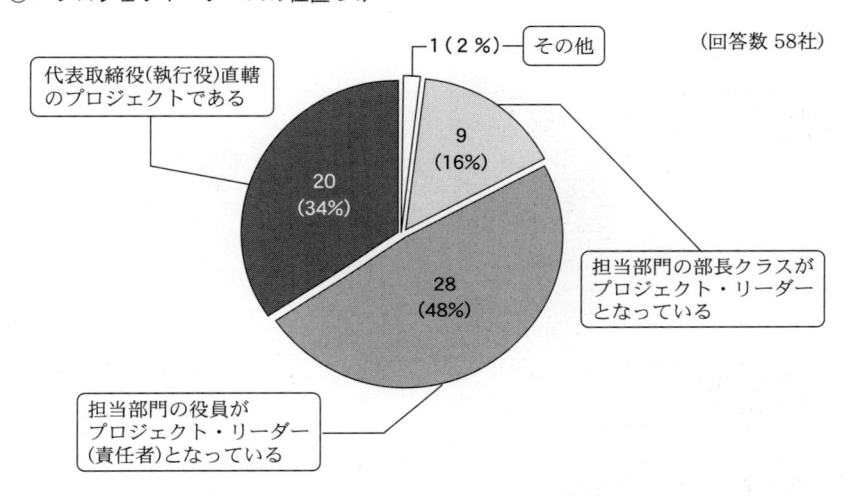

（回答数 58社）

- 代表取締役(執行役)直轄のプロジェクトである：20 (34%)
- 担当部門の役員がプロジェクト・リーダー(責任者)となっている：28 (48%)
- 担当部門の部長クラスがプロジェクト・リーダーとなっている：9 (16%)
- その他：1 (2%)

② プロジェクト・チーム（PT）のメンバー構成

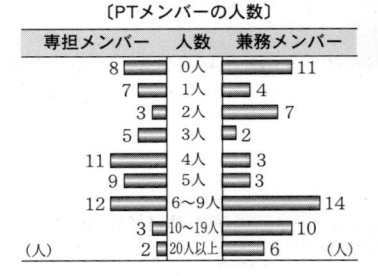

〔PTメンバーの人数〕

専担メンバー	人数	兼務メンバー
8	0人	11
7	1人	4
3	2人	7
5	3人	2
11	4人	3
9	5人	3
12	6～9人	14
3	10～19人	10
2	20人以上	6
(人)		(人)

〔PTメンバーの出身部門〕

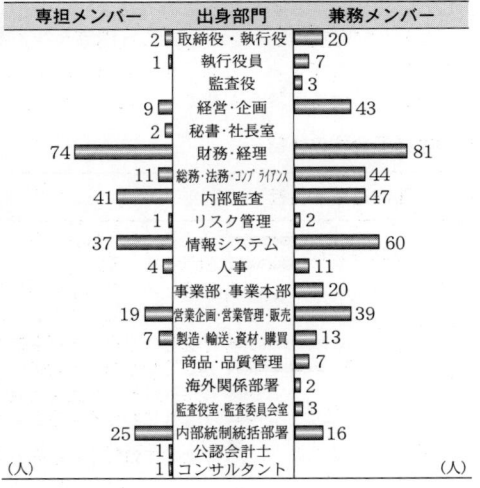

専担メンバー	出身部門	兼務メンバー
2	取締役・執行役	20
1	執行役員	7
	監査役	3
9	経営・企画	43
2	秘書・社長室	
74	財務・経理	81
11	総務・法務・コンプライアンス	44
41	内部監査	47
1	リスク管理	2
37	情報システム	60
4	人事	11
	事業部・事業本部	20
19	営業企画・営業管理・販売	39
7	製造・輸送・資材・購買	13
	商品・品質管理	7
	海外関係部署	2
	監査役室・監査委員会室	3
25	内部統制統括部署	16
1	公認会計士	
1	コンサルタント	
(人)		(人)

③ プロジェクト・チーム（PT）への連結子会社，関連会社の社員の参加（複数回答あり）

（回答数 57社）

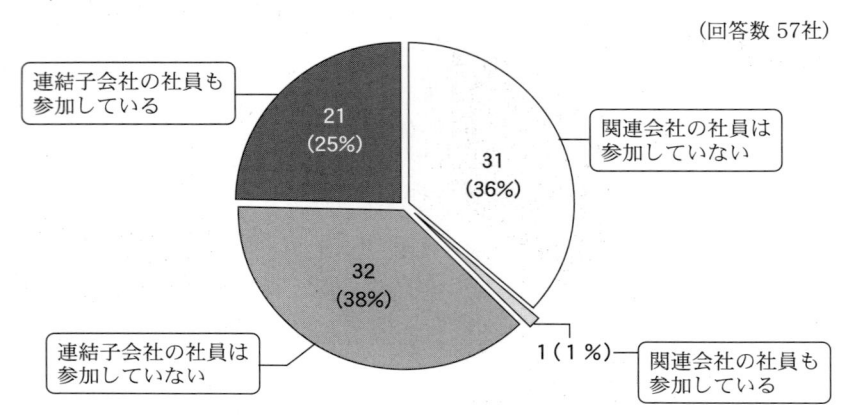

- 連結子会社の社員も参加している：21（25%）
- 関連会社の社員は参加していない：31（36%）
- 連結子会社の社員は参加していない：32（38%）
- 関連会社の社員も参加している：1（1%）

【第2回アンケート調査結果】

第2回アンケート調査では，PTと子会社等との連携を調査している。子会社等からは直接ＰＴには参加していないものの，「親会社の担当者と連絡を取りあって対応している」とする企業が多数あった。

なお，「関連会社」については，「関連会社の担当者と親会社の担当者が連絡を取りあって対応している」とする回答は3割弱にとどまり，「関連会社では特に対応していない」とする回答が4割であった。

○連結子会社の体制

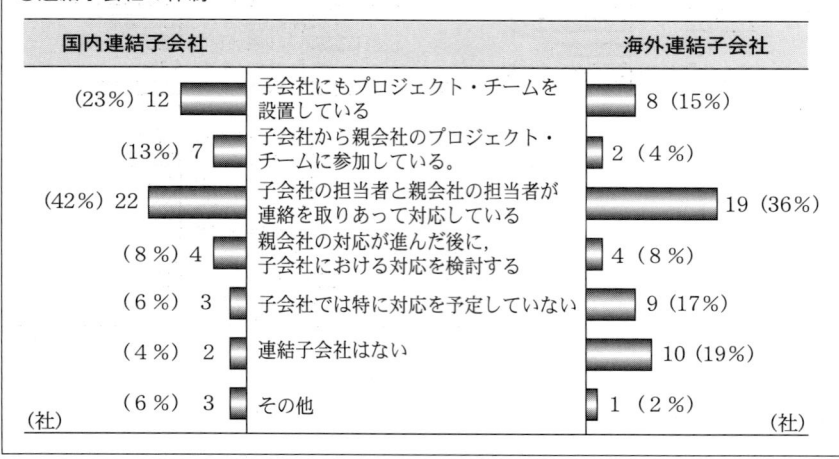

国内連結子会社		海外連結子会社
(23%) 12	子会社にもプロジェクト・チームを設置している	8（15%）
(13%) 7	子会社から親会社のプロジェクト・チームに参加している。	2（4%）
(42%) 22	子会社の担当者と親会社の担当者が連絡を取りあって対応している	19（36%）
(8%) 4	親会社の対応が進んだ後に，子会社における対応を検討する	4（8%）
(6%) 3	子会社では特に対応を予定していない	9（17%）
(4%) 2	連結子会社はない	10（19%）
(6%) 3	その他	1（2%）
(社)		(社)

第5章 内部統制対応の現状と課題　157

④ プロジェクト・チームへの専門的知識のある人材の採用（キャリア採用，採用予定を含む）　　　　　　　　　　　　　　　　　　　　　（回答数58社）

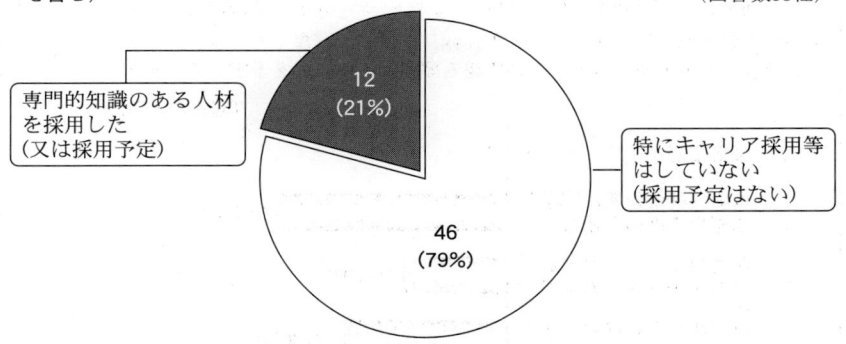

- 専門的知識のある人材を採用した（又は採用予定）：12（21%）
- 特にキャリア採用等はしていない（採用予定はない）：46（79%）

【第2回アンケート調査結果】
　第2回アンケート調査では，「プロジェクト・チームに外部の専門家（コンサルタント）が加わっているか」を調査した。回答企業の6割強が「外部の専門家（コンサルタント）が加わっている」としている。

⑤ アドバイザー等からの助言体制（複数回答あり）　　　　　　　（回答数58社）

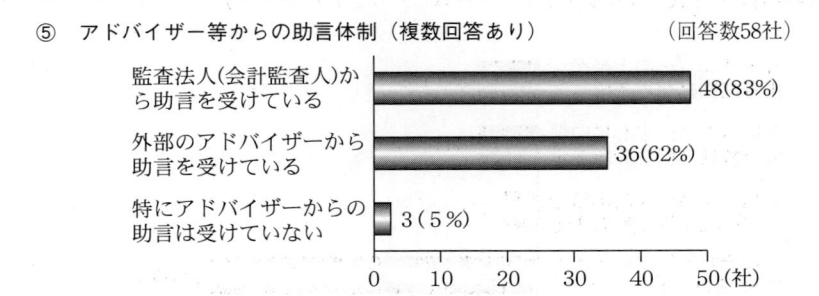

- 監査法人(会計監査人)から助言を受けている：48（83%）
- 外部のアドバイザーから助言を受けている：36（62%）
- 特にアドバイザーからの助言は受けていない：3（5%）

　第2回と第3回のアンケートで同一設問を設けているが，両方に回答があった企業（29社）においては，「専門的知識のある人材を採用した（又は採用予定）」が増加している。　　　　　　　　　　　　　　　　　　　　　　　　（回答数29社）

	第2回	第3回	増減
専門的知識のある人材を採用した（又は採用予定）	4	6	＋2
特にキャリア採用等はしていない（採用予定はない）	25	23	▲2
合計	29	29	－

【第2回アンケート調査結果】
　第2回アンケート調査では,「プロジェクト・チームとしての取組み期間」及び「取組み期間終了後のプロジェクト・チーム」について調査している。
○プロジェクト・チームとしての取組み期間はいつまでを予定していますか

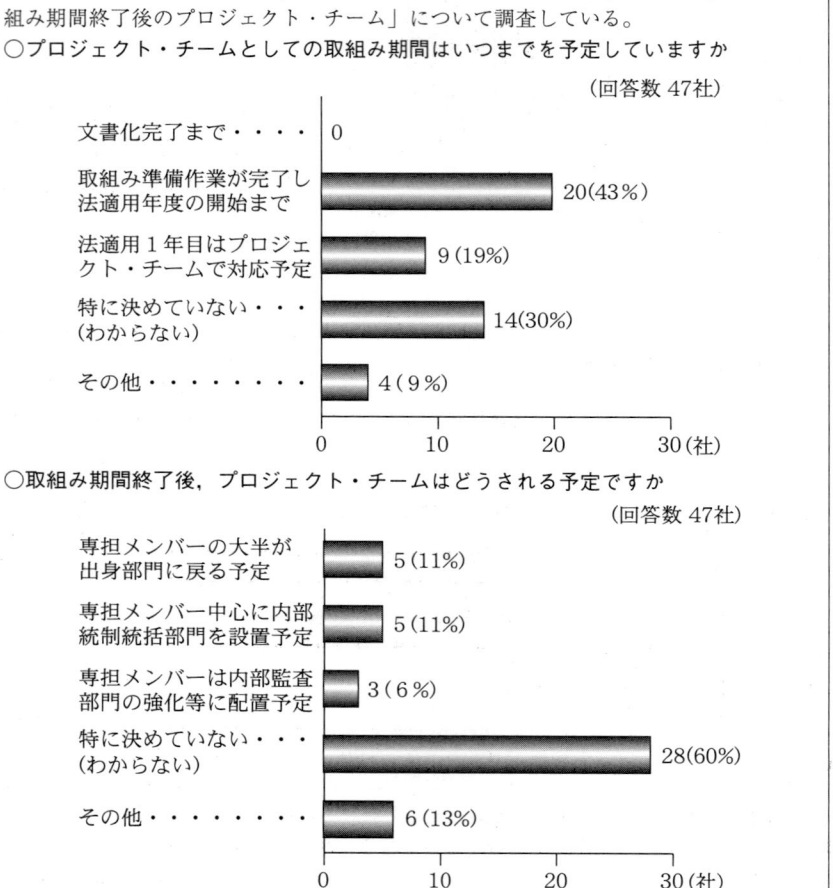

(回答数47社)

- 文書化完了まで・・・・ 0
- 取組み準備作業が完了し法適用年度の開始まで 20(43%)
- 法適用1年目はプロジェクト・チームで対応予定 9(19%)
- 特に決めていない・・・（わからない） 14(30%)
- その他・・・・・・・ 4(9%)

○取組み期間終了後, プロジェクト・チームはどうされる予定ですか

(回答数47社)

- 専担メンバーの大半が出身部門に戻る予定 5(11%)
- 専担メンバー中心に内部統制統括部門を設置予定 5(11%)
- 専担メンバーは内部監査部門の強化等に配置予定 3(6%)
- 特に決めていない・・・（わからない） 28(60%)
- その他・・・・・・・ 6(13%)

⑥ 第2回アンケート調査以降における，プロジェクト・チームの体制の変更（見直し）
（本問は第2回，第3回の両方に回答いただいた企業に対する設問です。）

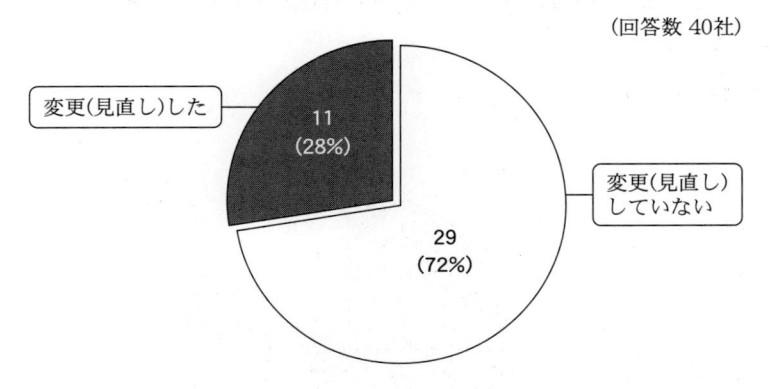

(回答数 40社)

- 変更（見直し）した　11（28％）
- 変更（見直し）していない　29（72％）

2　内部統制報告制度の各項目に対する準備状況

前述の財務報告に係る内部統制の構築の状況を踏まえて，以下では，さらに個別具体的な項目についての準備状況を検討することとしたい。

(1)　評価範囲

まず，評価範囲の決定であるが，回答企業の85％が評価範囲を決定している。

しかしながら，実施基準では，全社的な内部統制の評価範囲について，「財務報告に係る有効性の評価は，原則として連結ベースで行うものとする」とし，連結対象となる子会社等はもちろん，持分法適用となる関連会社，在外子会社等についても評価範囲に含まれるとしているものの，「財務報告に対する影響が僅少である事業拠点に係るものについて，その重要性を勘案し，評価対象としないことを妨げるものではない」としていることから，この「僅少」のレベルをめぐって，実務上の混乱があったようである。なお，この点については，2007年10月に公表された「内部統制報告制度に関するＱ＆Ａ」の問3において，「例えば，売上高で全体の95％に入らないような連結子会社は僅少なものとしてはずすといった取扱いは一般的なものである」と例示されているところである。

調査結果では，6割以上の企業が連結子会社の一部を評価範囲から除外した

とし，関連会社については，4割強の企業が，すべての関連会社評価範囲から除外しているが，これらの企業の対応が，Q&A公表後にどのように変化したであろうか。

① 評価範囲の決定

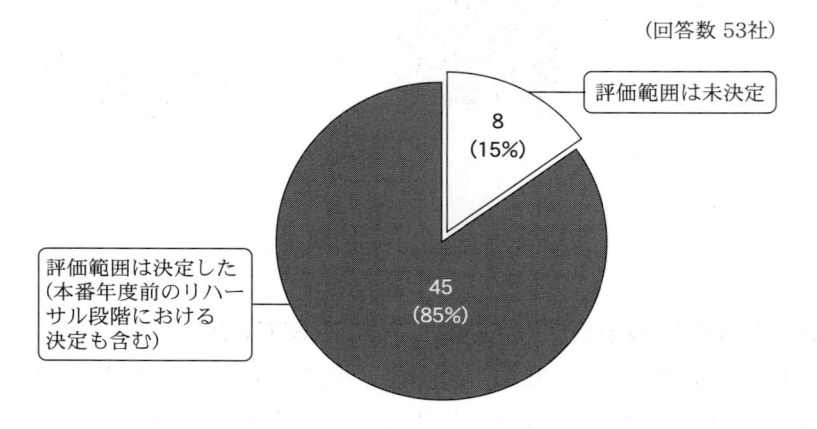

(回答数 53社)

- 評価範囲は決定した（本番年度前のリハーサル段階における決定も含む）：45 (85%)
- 評価範囲は未決定：8 (15%)

② 評価範囲から除外した子会社等（複数回答あり）

(回答数 44社)

- 連結子会社の全社を評価範囲としている　9 (20%)
- 連結子会社の全社を評価範囲から除外した　5 (11%)
- 連結子会社の一部は評価範囲から除外した　28 (64%)
- 関連会社の全社を評価範囲としている　0
- 関連会社の全部を評価範囲から除外した　19 (43%)
- 関連会社の一部は評価範囲から除外した　9 (20%)

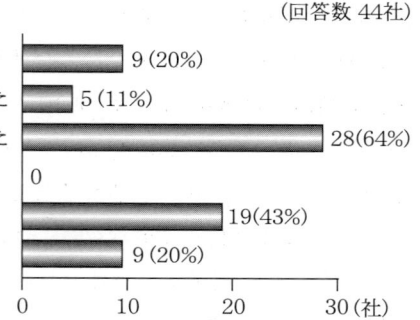

(2) 全社的な内部統制の評価項目

全社的な内部統制については，実施基準において，「全社的な内部統制の形態は，企業の置かれた環境や事業の特性等によって様々であり，企業ごとに適した内部統制を整備及び運用することが求められる」としつつも，「参考1 財務報告に係る全社的な内部統制に関する評価項目例」として42項目の評価項

目例が例示されている。実施基準では，各企業は，「必ずしも参考1の例によらない場合があること及び参考1の例による場合でも，適宜，加除修正がありうることに留意する」とされていることから，この42項目の評価項目例をいかに自社に適合したものとするかが問われることとなったのである。

　回答企業のうち，74％の企業が，全社的な内部統制の評価項目を確定している。そのうち評価項目を，実施基準を参考に自社で設定したとする企業が65％である一方で，監査法人や外部のコンサルタント等から提供を受けたとする企業も33％に上るほど多いことがわかる。なお，「その他」の回答の内訳は，「親会社が設定したグループ統一の評価項目にもとづき設定した」，「SOX法対応において，監査法人がクライアントに向けに作成したチェックシートをアレンジした」，「COSOを参考にして自社で設定した」等である。

　実際の評価項目の内容を示したものが，③から⑤である。基本要素ごとの評価項目数は，実施基準の42項目の評価項目例に近い数としている企業が多い。ここで100項目以上としている企業が目につくが，これは，ある大手監査法人が100項目以上の評価項目例を提供したことによる影響ではないかと推察される。

　また，⑤に示されているように，実際の評価項目例として，実施基準よりも多くの評価項目を設定した部分としては，圧倒的に，内部統制の基本的要素のうちの統制環境に属する部分であったことがわかる。これは，もともと実施基準における評価項目例のうち，統制環境の部分がかなり抽象的な記述となっていることとともに，会社法における内部統制の決定事項，とくに企業集団における業務の適正を確保する体制にかかる事項が数多く追加されたことによるものである。このように，全社的な内部統制の評価を通じて，会社法の内部統制関連事項の決定内容が，内部統制報告制度に関連づけられていると解されるのである。

　なお，親会社（主要な事業拠点），子会社（事業拠点）ですべて同じ評価項目とする企業と，親会社と子会社とでは評価項目を別としている企業はほぼ同じ割合となっている。

① 評価項目の確定（概ね確定）

(回答数 61社)

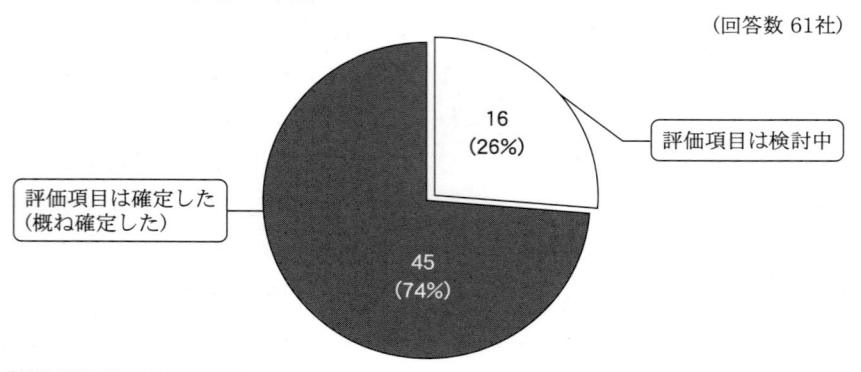

- 評価項目は検討中: 16 (26%)
- 評価項目は確定した（概ね確定した）: 45 (74%)

第2回と第3回のアンケートで同一設問を設けているが，両方に回答があった企業（32社）においては，「評価項目は確定した（概ね確定した）」とする企業が増加している。

(回答数 32社)

	第2回	第3回	増減
評価項目は確定した	11	28	＋5
評価項目は概ね確定した	12		
評価項目は検討中	9	4	▲5
合　　　計	32	32	－

② 評価項目の設定方法（予定を含む）（複数回答あり）

(回答数 48社)

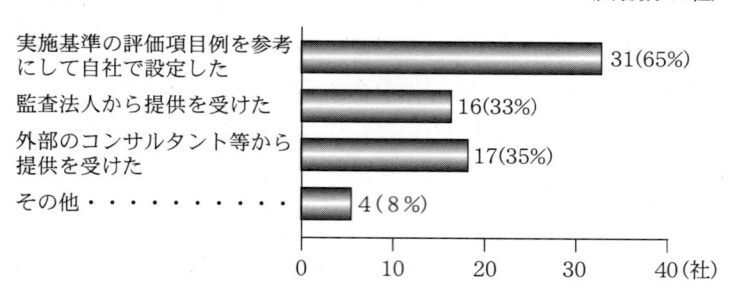

- 実施基準の評価項目例を参考にして自社で設定した: 31(65%)
- 監査法人から提供を受けた: 16(33%)
- 外部のコンサルタント等から提供を受けた: 17(35%)
- その他: 4(8%)

③ 評価項目の数

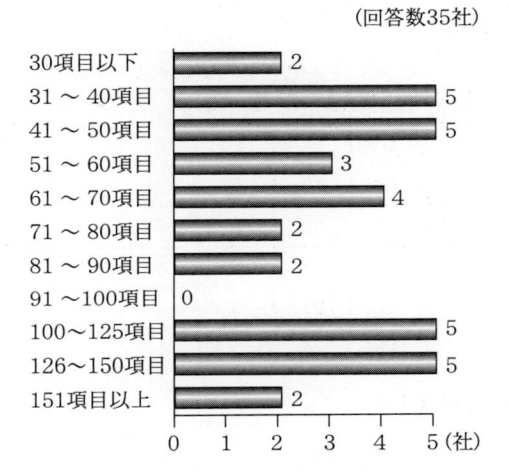

(回答数35社)

項目	社数
30項目以下	2
31～40項目	5
41～50項目	5
51～60項目	3
61～70項目	4
71～80項目	2
81～90項目	2
91～100項目	0
100～125項目	5
126～150項目	5
151項目以上	2

④ 評価項目を「整備」と「運用」に分けている

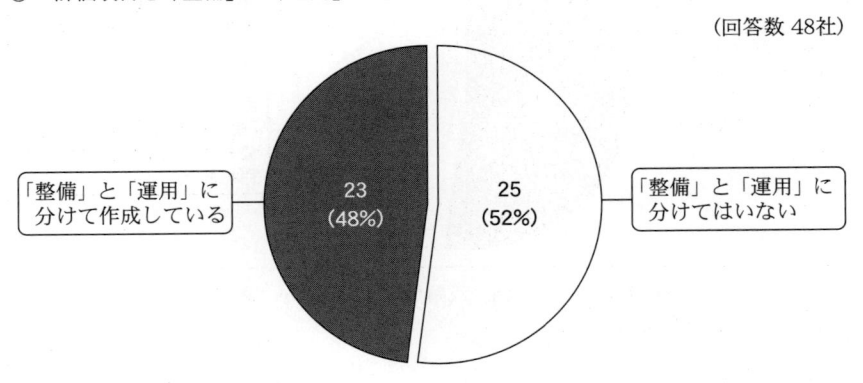

(回答数 48社)

- 「整備」と「運用」に分けて作成している： 23 (48%)
- 「整備」と「運用」に分けてはいない： 25 (52%)

⑤ 基本要素ごとの評価項目数

〔基本要素ごとの評価項目数〕   (社)

	0～5項目	6～10項目	11～15項目	16～20項目	21～25項目	26項目以上	実施基準における評価項目数
1．統制環境	0	3	9	5	7	21	13
2．リスクの評価と対応	19	17	5	3	0	1	4
3．統制活動	10	21	8	5	0	1	7
4．情報と伝達	6	24	10	4	2	0	6
5．モニタリング	5	22	8	4	4	3	7
6．ITへの対応	17	14	5	1	6	5	5

⑥ 子会社等における評価項目

(回答数 44社)

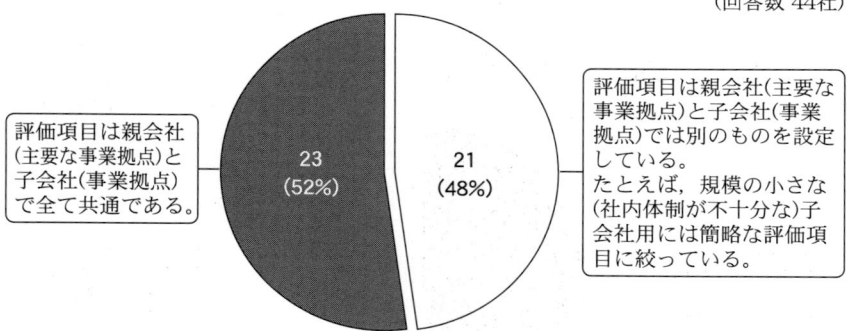

- 評価項目は親会社（主要な事業拠点）と子会社（事業拠点）で全て共通である。 23 (52%)
- 評価項目は親会社（主要な事業拠点）と子会社（事業拠点）では別のものを設定している。たとえば、規模の小さな（社内体制が不十分な）子会社用には簡略な評価項目に絞っている。 21 (48%)

第2回と第3回のアンケートで同一設問を設けているが、両方に回答があった企業における回答内容は以下のとおり。

(回答数 21社)

	第2回	第3回	増 減
評価項目は親会社（主要な事業拠点）と子会社（事業拠点）で全て共通である	14	13	▲1
評価項目は親会社（主要な事業拠点）と子会社（事業拠点）では別なものを設定している	7	8	+1
合　　計	21	21	－

> 【第2回アンケート調査結果】
> 　第2回アンケート調査では,「規模の小さな(社内体制が不十分な)事業拠点(子会社)については,簡単な質問項目に絞り込んでいる」とする場合の評価項目数を調査している。簡易な評価項目に絞り込んでいる場合の基本要素ごとの評価項目数は,各基本項目ともに,概ね「0〜5」項目,あるいは「6〜10」項目としている企業が多い。

(3) 決算・財務報告プロセス・その他の業務プロセスの評価

　決算・財務報告プロセスの評価は,日本の内部統制報告制度の大きな特徴の一つである。決算・財務報告プロセスを各企業がどのように評価しようとしているのか,文書化した(する予定)の業務プロセス数をたずねてみた。

　以下の結果によれば,「21〜50」とする回答が最も多いものの,4プロセス以下とする企業から100プロセス以上とする企業もあり,対応は様々である。一方,「その他の業務プロセス」については,ほとんどの企業において,「決算・財務プロセス」を上回る数のプロセスの文書化が行われている。

　これは,決算・財務報告プロセスが,会計・経理周りのかなり限られた部署におけるプロセスとなるのに対して,それ以外のプロセスが,多様性を有しているからであると解される。

① 決算・財務プロセスと業務プロセスで,文書化した(する予定の)業務プロセス数(概数)

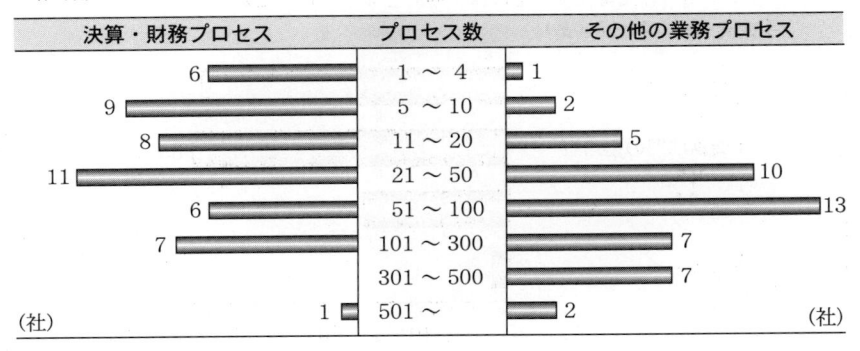

決算・財務プロセス	プロセス数	その他の業務プロセス
6	1〜4	1
9	5〜10	2
8	11〜20	5
11	21〜50	10
6	51〜100	13
7	101〜300	7
	301〜500	7
1	501〜	2
(社)		(社)

【第2回アンケート調査結果】

第2回アンケート調査では，「文書の種類」と「担い手」について調査している。

文書化については，「業務の流れ図」・「業務記述書」・「リスクと統制の対応表」（いわゆる文書化3点セット）をすべて作成するとする企業がほとんどだが，「業務記述書」については，既存の手続書等で代替する企業もある。また，いわゆる文書化3点セット以外に「職務（業務）分掌表」や「改善一覧表」などを作成するとする回答もあった。

一方，文書化作業の担当者は，プロジェクト・チームに文書化の専担者をおく方法と，業務プロセスに関連する実務担当部署が文書化を行う方法に大別されるが，外部のコンサルタント等が中心となっている企業もある。

また，「業務プロセスの文書化にあたり，新たなツール（ソフトウエア等）を導入しましたか（予定を含む）」という設問に対しては，回答企業の4割が，「文書化にあたり新たなツール（ソフトウエア等）を導入している」と回答している。

○ 業務プロセスの文書化に当たって，内部統制の評価を行うために作成する（あるいは作成した）文書の種類（複数回答あり）

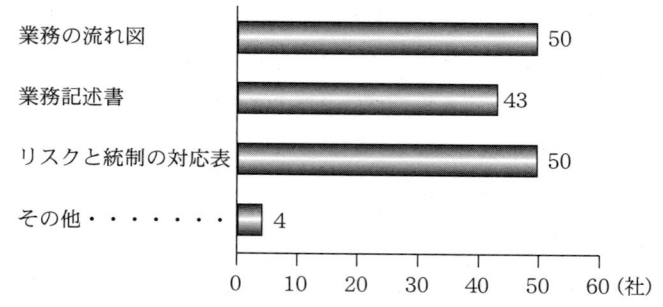

項目	社数
業務の流れ図	50
業務記述書	43
リスクと統制の対応表	50
その他	4

○ 業務プロセスの文書化は，主に誰が中心となって行ったか（予定含む）（複数回答あり）

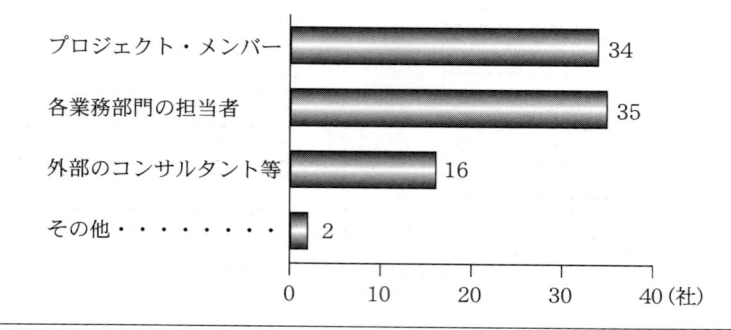

項目	社数
プロジェクト・メンバー	34
各業務部門の担当者	35
外部のコンサルタント等	16
その他	2

(4) 独立的評価の主体

実施基準によれば,「日常の業務を遂行する者又は業務を執行する部署自身による内部統制の自己点検は,それのみでは独立的評価とは認められないが,内部統制の整備及び運用状況の改善には有効であり,独立的評価を有効に機能させることにもつながるものである。自己点検による実施結果に対して独立したモニタリングを適切に実施することにより,内部統制の評価における判断の基礎として自己点検を利用することが考えられる」とされている。

そこで,各企業において,独立的評価をどのように捉えているかをたずねてみた。調査結果によれば,独立的評価を,「内部監査部門が既存の監査とあわせて評価する」とする企業が50％である一方で,「現場における自己評価(自己監査)と本部における評価を併用する」とする回答も27％に上っている。実際には,この自己評価の利用の程度が今後の焦点の一つとなるであろう。

① 独立的評価(日常的モニタリングとは個別に通常の業務から独立した視点で,定期的又は随時に行われる活動)の評価主体(複数回答あり)

(回答数 62社)

評価主体	回答数
内部監査部門の既存の担当者が既存の監査とあわせて評価する	31(50%)
内部監査部門に専門の評価者を置いて評価する	11(18%)
現場の自己評価(自己監査)と本部の評価を併用する	17(27%)
外部専門家を利用する	7(11%)
現時点では決まっていない	15(24%)
その他	3(5%)

【第2回アンケート調査結果】
　第2回アンケート調査では,日常的モニタリング(内部統制の有効性を監視するために,経営管理や業務改善等の通常の業務に組み込まれている活動)を調査している。
　「日常的モニタリングは行われていますか」という設問には,85％の企業が「行われている」と回答しており,現在,日常的モニタリングを行っていない企業でも,「今後導入を考えている」としている。

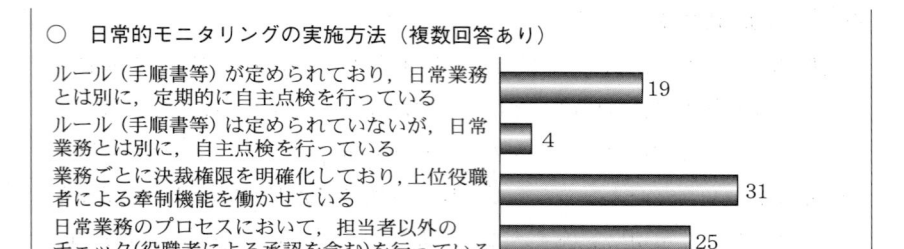

○ 日常的モニタリングの実施方法（複数回答あり）

- ルール（手順書等）が定められており，日常業務とは別に，定期的に自主点検を行っている：19
- ルール（手順書等）は定められていないが，日常業務とは別に，自主点検を行っている：4
- 業務ごとに決裁権限を明確化しており，上位役職者による牽制機能を働かせている：31
- 日常業務のプロセスにおいて，担当者以外のチェック（役職者による承認を含む）を行っている：25

(単位：社)

(5) 各プロセスにおける中心的部門

内部統制報告制度への対応は，内部統制統括関連部門（プロジェクト・チームを含む）が，すべてのプロセスを通じて中心的な役割を果たすことを予定している企業が多い。しかしながら，「内部統制の不備ないし重要な欠陥の是正」については，現業部門（事業部門）が果たす役割が大きいとする企業も多く，内部統制の整備及び改善が全社的な課題となることがうかがえる。

① 各プロセスにおいて，経営を補助して中心的な役割を果たす部門（現在の予定）

(社)

	企画	経営管理	財務・経理	監査	IT・システム	事業	(注)内部統制	その他	未定	回答数が最多の部署
1) 基本計画及び方針の決定	7	9	8	8	1		26	4	1	内部統制
2) 評価範囲の決定	4	4	15	8			21	4	2	財務・経理
3) 全社的な内部統制の評価	9	4	6	25			19	5	1	監査
4) 決算・財務報告に係る業務プロセスの評価	4	5	23	22	1	2	14	2	1	財務・経理
5) 決算・財務報告プロセス以外の業務プロセスの評価	5	7	23	19	2	7	24	4	1	内部統制
6) ITを利用した内部統制の評価	3	3	3	14	27	1	13	2	2	IT・システム
7) 評価手続等の記録及び保存	2	6	10	18		5	16	2	3	監査
8) 内部統制の不備ないし重要な欠陥の是正	4	4	10	5		20	18	2	3	事業
9) 子会社等における内部統制の構築	10	2	9	4		15	23	3	1	内部統制
10) 内部統制報告書の取りまとめ	3	10	10	13		1	22	5	3	内部統制
11) 監査法人との折衝	4	10	18	10	1		22	3	3	内部統制

(注) 内部統制は，内部統制統括部関連部門（プロジェクト・チームを含む）

【第2回アンケート調査結果】
　第2回アンケート調査では，会社法の体制管理者と，金融商品取引法（内部統制報告制度）上の内部統制の体制管理者について調査している。
○　会社法上の体制管理者と金融商品取引法上の体制管理者の関係
（回答数 46社）

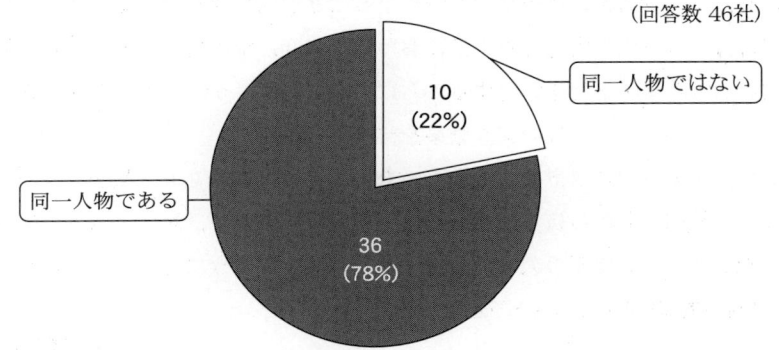

- 同一人物ではない　10（22%）
- 同一人物である　36（78%）

※　「会社法」対応は法務担当部門が行っており，「会社法に基づく内部統制（業務の適正を確保する体制の整備）」も法務担当部門が中心となっているとする企業が多い。

(6) 内部統制報告制度の対応コスト

　内部統制報告制度において，制度の導入時に最も慎重な検討がなされ，また，企業においても非常に関心が高い問題として，対応にかかるコストの問題がある。

　この点について，概算額としてたずねてみたところ，内部統制報告制度の導入時のコストについては，1億円未満とする企業が多いものの，10億円以上のコスト負担になるとする企業もあった。

　また，内部統制報告制度は，1年限りのものではなく，導入後にも経年コストが発生するが，これについても，概ね1億円未満とする回答が多い。この点については，一層，詳細な金額幅で，初年度コストと比べて経年コストがどの程度の割合となるのかを検討する必要があるであろう。

　日本の内部統制報告制度では，アメリカを先例として，コスト負担が過大にならないように，様々な対応がとられているが，法適用の開始までに，文書化をはじめとした様々な取組みが必要となるため，導入時のコスト負担は避けら

れない。しかしながら，たとえば，法適用の開始までに，文書化及び評価を行えば，その後は，内部統制の整備状況やITを利用した運用評価の部分については，その結果を利用して，変更部分についての文書の修正と再評価が主となるため，コスト負担は相当程度，軽くなることが期待されている。この点についても，前年評価を実施した企業における次年度以降のコストと，それ以外の企業におけるコストとを対比することによって，明らかにすることができるであろう。この点は，今後の調査結果を待つこととしたい。

なお，導入時のコストで最も大きいものは「コンサルタント報酬」となっており，自社内における自主的な内部統制への取り組みが，対応コストの低減という観点からも必要不可欠であることが読み取れるように思われる。

① 内部統制報告の対応コスト予想額

(回答数 60社)

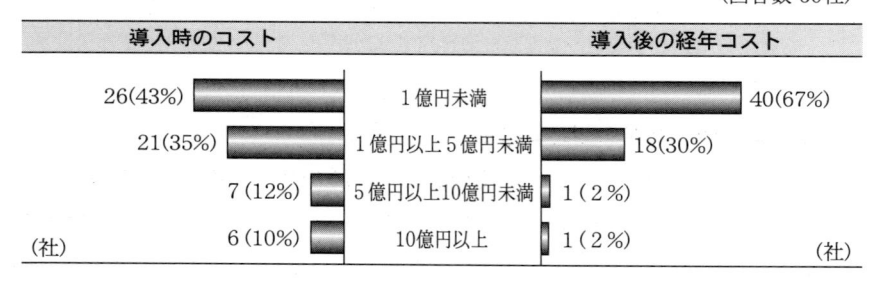

導入時のコスト		導入後の経年コスト
26(43%)	1億円未満	40(67%)
21(35%)	1億円以上5億円未満	18(30%)
7(12%)	5億円以上10億円未満	1(2%)
6(10%)	10億円以上	1(2%)

② 導入時のコストで最も大きいと予想されるもの

(回答数 61社)

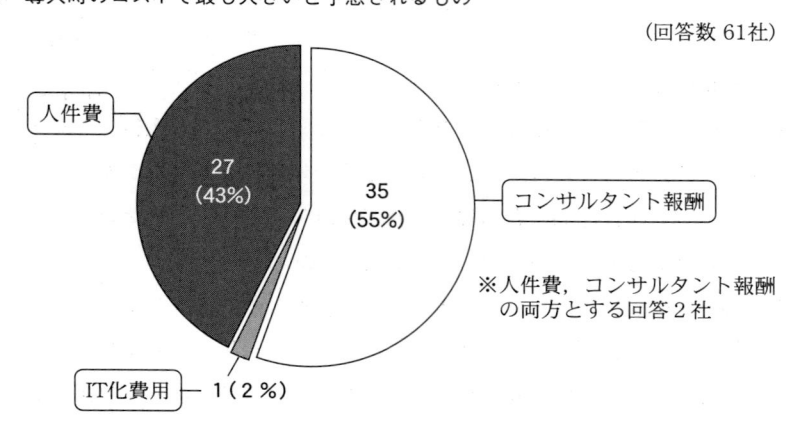

- 人件費 27(43%)
- コンサルタント報酬 35(55%)
- IT化費用 1(2%)

※人件費，コンサルタント報酬の両方とする回答2社

第2回と第3回のアンケートで同一設問を設けているが,両方に回答があった企業における回答内容は以下のとおり。

導入時のコストで最も大きいと予想されるものとして「コンサルタント報酬」をあげる企業が増加している。

○導入時のコスト

(回答数 29社)

	第2回	第3回	増減
1億円未満	9	10	＋1
1億円以上5億円未満	12	11	▲1
5億円以上10億円未満	5	4	▲1
10億円以上	3	4	＋1
合計	29	29	－

○導入後の経年コスト

(回答数 29社)

	第2回	第3回	増減
1億円未満	18	16	▲2
1億円以上5億円未満	10	12	＋2
5億円以上10億円未満	0	0	＋0
10億円以上	1	1	＋0
合計	29	29	－

○導入時のコストで最も大きいと予想されるもの

(回答数 31社)

	第2回	第3回	増減
人件費	14	14	＋0
IT化費用	3	1	▲2
コンサルタント報酬	14	17	＋3
合計	31	32	－

※ 第3回アンケートでは複数回答が1社あり

(7) 現在の懸念材料・苦慮している点

　現在，内部統制対応を進めている企業では，内部統制の構築・整備にかかる様々な問題に直面してきている。アンケート調査の最後では，ほぼ自由記入に近い形で，現在の懸念事項等についてたずねている。

　回答結果によれば，内部統制報告制度に向けた組織体制の構築で苦慮している点として，「人員不足，専門的な知識を有する社員不足」を挙げる企業が最も多く，全体の68％に及んでいる。実施基準は，「経営者を補助して評価を実施する部署及び機関並びにその要員」について，「評価に必要な能力を有していること，すなわち，内部統制の整備及びその評価業務に精通していること，評価の方法及び手続を十分に理解し適切な判断力を有することが必要である」と専門的な知識を持つ人材を求めているが，企業側の最大の悩みは，そうした人材を採用することはもちろんのこと，育成するにも時間的余裕がないということである。

　なお，「特に不足している分野」としては，「ＩＴ分野」，「監査・ＩＴ（システム）監査」，「決算・財務，会計，経理」，「内部監査員・評価」，「文書化全般」，「内部統制の理解と外国言語によるコミュニケーションについて一定以上の能力を有する社員」等が挙げられている。

　次に，内部統制整備に当たって，最も苦慮している領域としては，「決算・財務報告以外の業務プロセス」を挙げる企業が多い。その要因としては，業務が多岐にわたって，文書化の作業負担が大きくなりがちであること等が挙げられる。

① 内部統制報告制度に向けた組織体制の構築で苦慮している点，又は懸念材料
（複数回答あり）

(回答数 57社)

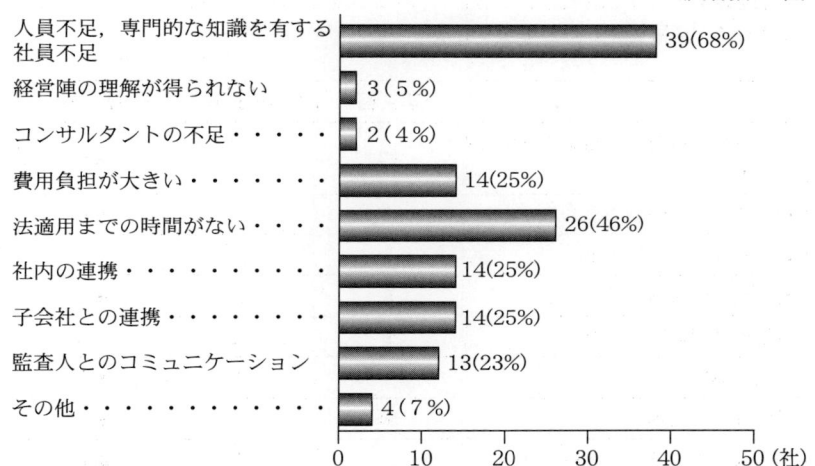

項目	回答数
人員不足，専門的な知識を有する社員不足	39(68%)
経営陣の理解が得られない	3(5%)
コンサルタントの不足	2(4%)
費用負担が大きい	14(25%)
法適用までの時間がない	26(46%)
社内の連携	14(25%)
子会社との連携	14(25%)
監査人とのコミュニケーション	13(23%)
その他	4(7%)

② 「財務報告に係る内部統制の評価・報告の流れ」における4つの評価項目のなかで，準備に最も苦慮している評価項目

(回答数44社，複数回答3社)

項目	最も苦慮している項目であるとする回答数
全社的な内部統制の評価	7
決算・財務報告に係る業務プロセスの評価	9
決算・財務報告プロセス以外の業務プロセスの評価	22
ITを利用した内部統制の評価	9

第2回と第3回のアンケートで同一設問を設けているが，両方に回答があった企業における回答内容は以下のとおり。
　準備を進めることで組織体制の構築における課題を克服していることが伺えるが，「法適用までの時間がない」とする企業は増加している。

（回答数　28社）

	第2回	第3回	増　減
人員不足，専門的な知識を有する社員不足	23	14	▲9
経営陣の理解が得られない	1	1	＋0
コンサルタントの不足	1	2	＋1
費用負担が大きい	8	7	▲1
法適用までの時間がない	9	12	＋3
社内の連携	6	3	▲3
子会社との連携	10	6	▲4
監査人とのコミュニケーション	11	5	▲6
そ　の　他	4	2	▲2

③ ②に挙げた4つの評価項目で，準備に苦慮している点，あるいは作業を始めてみて誤算であった点等（自由記入）

---

a．全社的な内部統制の評価

- 実施基準における内部統制のフレームワークや評価項目に関する記述は，抽象的，概念的なものが多く，理解が難しい。
- 実施基準を参考に評価項目を作成しているが，業種の異なる子会社にも適用可能な評価項目にすると抽象的になりすぎて充分な有効性評価が行えない。一方，個社の特性にあわせて評価項目を作成すると膨大な作業となる。
- 評価に関する具体的な手法が明らかでない。全社的な内部統制の評価は，企業集団の業種・業態により合格レベルを設定することになるが，その設定が難しく，また評価手法についても，複数の事業拠点で行うことが必要となるため困っている。
- グループの評価対象会社で，各々同一項目について記述・検証を行っているが，統制内容及び検証についての記述のレベルを調整する必要がある。
- 組織責任者に対する質問設定のレベル感に工夫が必要であった。
- 回答に対する具体的な証跡としてどのようなものを収集すればよいか苦慮した。
- 実施基準等に示されている重要な欠陥に該当する不備の具体例は，指針としては役立つものの，実際に評価する場合には，誰の目から見ても判断できる典型的な不備の事例だけではなく，いくつかの不備が重なって起こる事例がある。こうした複合的事例については重要な欠陥と判断する具体的な資料（指針）がなく，手探りの状況である。

＜上記以外の主な回答＞[　]内は類似内容の回答数
- 評価範囲（絞り込み等）　　　　　　　　　　　　　[　3　]
- 評価項目（自社にあった評価項目の策定等）　　　　[　4　]
- 評価方法（評価・証憑のまとめかた等）　　　　　　[　9　]
- 有効性の判断（判断基準の策定等）　　　　　　　　[　18　]
- 不備への対応（規定・マニュアルの整備等）　　　　[　4　]
- 人員・スキル・時間の不足　　　　　　　　　　　　[　5　]
- 子会社等（子会社における人員・スキルの不足等）　[　9　]
- 在外子会社（言語対応等）　　　　　　　　　　　　[　6　]

b．決算・財務報告に係る業務プロセスの評価

- 全社的な観点で評価することが適切なものについては，一般的なチェックリストを利用しているが，必ずしも自社の状況に一致していないため，チェックリストの修正及び回答の作成に苦慮している。
- 文書化において，財務報告に直接影響のある「修正仕訳」についてどこまで（例えば仕訳の元資料作成部門までか等）遡及して確認すればよいか，また評価範囲の絞り込みはどこまで可能か等で苦慮している。
- 幅広に対象を文書化したため，絞り込みの基準が難しい。
- エンドユーザー・コンピューティング（スプレッドシート）の対象範囲を広げすぎると確認等の作業が膨大となってしまう。
- 決算業務に関する手順書等がなく，直近の作成書類等を参考に業務記述書を作成しているため，作成及びその検証に時間を要している。
- 規定化・マニュアル化されていない手続が多いため，不備・欠陥の是正にかなりの負荷がかかる。
- 決算・財務報告プロセスを評価するための経理知識のある人材が経理部門以外にいない。
- 決算時期には経理部門担当者の工数が確保できないため，法適用までの実質的な準備期間が不足している。

＜上記以外の主な回答＞ [　] 内は類似内容の回答数

- 評価範囲（絞り込み等）　　　　　　　　　　　　　　[　3　]
- 評価項目（自社にあった評価項目の策定等）　　　　　[　4　]
- 評価方法（文書化の方法等）　　　　　　　　　　　　[　12　]
- 有効性の判断（判断基準の策定等）　　　　　　　　　[　6　]
- 不備への対応（規程・マニュアルの整備等）　　　　　[　7　]
- 人員・スキル・時間の不足　　　　　　　　　　　　　[　8　]
- 子会社等（子会社における人員・スキルの不足等）　　[　3　]
- 在外子会社（言語対応等）　　　　　　　　　　　　　[　2　]

c．決算・財務報告プロセス以外の業務プロセスの評価

- 幅広に対象の文書化を行ったため，絞り込みの基準が難しい。
- 実務担当者中心に文書化を進めているが，担当者では，いわゆる業務上の事務リスクと財務報告に係るリスクの見極めが困難であり，事務局での修正等に苦慮している。
- 整備状況と運用状況に関する独立的評価の人員不足に苦慮している。文書化と自己評価は，業務実施部門を担当としたが，独立的評価はプロジェクト・チームと監査部門で対応しなければならず，評価対象文書が多数となることから，人員確保に困っている。
- 事業部門によっては同種のプロセスでも業務内容が異なるため，画一的な対応ができず，文書化と評価に時間がかかっている。
- まず，評価範囲の決定（マッピング）で対象を決めかねている。また，見積もり等（自己査定など）評価の判断を行うプロセスでは，「その妥当性」についてどこまで評価すればよいか，有効性評価の基準設定や文書化が難しいと感じている。評価については，評価手法（リスクアプローチ）をどのように合理的に組み立てればよいか，苦慮している。

＜上記以外の主な回答＞　[　]内は類似内容の回答数
- 評価範囲（対象とする個別プロセスの範囲等）　　　[　8　]
- 評価方法（文書化の方法等）　　　　　　　　　　　[　13　]
- 有効性の判断（判断基準の策定等）　　　　　　　　[　9　]
- 不備への対応（規程・マニュアルの整備等）　　　　[　2　]
- 人員・スキル・時間の不足　　　　　　　　　　　　[　19　]
- 子会社等（子会社における人員・スキルの不足等）　[　1　]
- 在外子会社（言語対応等）　　　　　　　　　　　　[　2　]

d．ITを利用した内部統制の評価

- 業務プロセス等に比べると実務対応の基準が示されておらず，対応のレベル感に確信を持てない。また評価においては，監査人が本番環境での有効性評価を求めていることから，テスト環境を利用したシステム開発手法をとることが難しく，有効性評価に多大な時間を要し，評価作業において苦慮している。
- IT全般統制，IT業務処理統制の対応部門が通常業務に追われ，十分な時間がとれない。また自社の開発システムでないため，アクセス権・ログ管理等が課題である。
- 自動統制機能について，どこまで文書化すればよいのか，どのようなテストをどの程度行えばよいのかについて，監査人との意見の取りまとめに苦労している。
- 内部統制を構築するためのシステム改修や，基幹システムの操作ログ，アクセス管理の構築に時間を要している。
- 全て連結子会社（内部統制報告制度の対象外）にアウトソーシングしているため，評価実務の主体を誰にするのかが課題である。
- 連結子会社におけるIT統制は，レベル差があり，運用状況の評価が極めて難しい。

＜上記以外の主な回答＞　[　]内は類似内容の回答数
- 評価範囲（IT全般統制の評価範囲等）　　　　　　[　3　]
- 評価方法（委託業務の評価等）　　　　　　　　　[　15　]
- 有効性の判断（判断基準の策定等）　　　　　　　[　2　]
- 不備への対応（規程・マニュアルの整備等）　　　[　5　]
- 人員・スキル・時間の不足　　　　　　　　　　　[　5　]
- 子会社等（子会社等の独立システムの評価等）　　[　7　]
- 在外子会社（言語対応等）　　　　　　　　　　　[　3　]

e．上記a.b.c.d.以外に関する事項及び各項目に共通の事項

- 決算早期化への対応で業務フローを簡素化してきたが，内部統制報告制度対応に当たり，業務フローを再度見直さなければならない。
- 在外子会社においては，言語や，雇用環境が異なるため，制度の理解や文書化作業を中心に対応に時間がかかっている。
- 評価においては，可能な限り自己点検結果を活用したいと考えているが，自己点検結果の具体的な活用範囲（どのような手法であれば，どの程度の範囲まで認められるか等）がはっきりしない。
- 監査人との確認までは，何をどのようにどの範囲まで行うのかが不明確で，現在の準備が無駄になるリスクがある。
- 監査人と意見交換をする過程で，評価範囲が変更（拡大）になるケースがあり，文書化作業の追加発生することで関連部門の作業負担がさらに増加することになり，業務が滞る懸念がある。
- 在外子会社の場合の監査人の内部統制監査の対応方法がわからない。現地の監査人に何らかの作業を委託する必要があるのか。
- 連結子会社として既にSOX法対応をしているが，内部統制報告制度の対応について具体的な相違点や進め方について監査法人からのアドバイスがない。

④ 内部統制の構築及び評価に関する疑問点（いま，何がわからないか，知りたいか）（自由記入）

- 決算・財務報告プロセスは，財務報告の信頼性に直結するプロセスであるため，そこで発生する不備は，「重要な欠陥」につながる可能性が高い。しかし，このプロセスは，専門性・複雑性が高い属人的なスキル・経験に依存している場合が多い。こうした状況で発生する不備への対応は，単純にマニュアル整備だけでは難しいと考える。
- 実施基準では，「内部統制の限界」の一つとして，「経営者が不当な目的の為に内部統制を無視ないし無効ならしめることがある」としている。しかし，内部統制報告制度導入の引き金となった，米国のエンロン事件等や，わが国の鉄道会社の株主の状況に関する有価証券報告書の不実記載の事例等は，すべて「経営者による内部統制の無視」に起因するものである。これらの再発防止策でありながら，その原因である「経営者による内部統制の無視」を「内部統制の限界」としている点に，制度設計上の矛盾を感じる。財務報告に係る内部統制は，「全社的な内部統制」と「業務プロセスの内部統制」に大別され，「経営者による内部統制の無視」は「全社的な内部統制」のなかで取り扱われる事項であり，それを予防・発見できなければ「重要な欠陥」と判定されることになるはずである。「経営者による内部統制の無視」を「内部統制の限界」としてはいけないのではないか。
- 内部統制の重要性はわかるが，一部の企業の不祥事件をもって，多くの企業がコスト負担を強いられることは，日本企業の競争力を弱めかねないのではないか。
- 内部統制の構築に当たり，その対象範囲とその深さのレベルは，ある意味無限に広がりを持っているとも考えられる。何をどの程度まで対象とすれば良いのかという，レベル感を持って取り組むことが重要だ。限りある経営資源を有効に使い内部統制を構築することにより，すべてのステークホルダーに効果的であると認めてもらうために，このレベル感についての共通理解を形成することが望まれる。

4 むすびにかえて
－適切な内部統制対応の実現に向けて－

　本章では，日本取締役協会会員企業に対するアンケート調査をもとに，わが国企業における内部統制にかかる2つの制度への対応状況を検討してきた。本章で取り扱った調査結果は，2007年における3回の調査によるものであり，現在もなお，企業の内部統制の構築・整備状況は飛躍的に進みつつあることが予想されるのである。

　したがって，本章での検討はあくまでも調査の嚆矢とでも位置づけられるべきものである。先述のとおり，今後，継続して定期的に実施される調査の結果は，同協会のホームページ等を介して公表していきたいと考えている。

　こうした調査の目的は，企業の内部統制対応の現場において，実際に起こっている問題を議論の俎上に載せ，共通の理解の下，適切な内部統制対応を進めていくことにある。

　日本の内部統制報告制度は，米国の先例を教訓として，かなりの程度，企業側に自主裁量の下での対応の余地を残したものとなっており，適切に対応することで，過度なコスト負担等を回避することが可能となるものと考えられる。そうした中で，他の企業がどのような対応を行っているのか，どのような構築・整備，あるいは評価の段階にあるのかを知り，共通の悩みや困難を抱えていることを理解することは，貴重な示唆を提供するものとなるのではないだろうか。さらに，そうした検討を通じて，さらなる一定の制度上の対応が必要であることが明らかとなる場合もあるかもしれない。

　いずれにしても，単なる制度上の対応ということではなく，企業の現状を踏まえた議論を重ねつつ，日本企業に見合った適切な内部統制対応を実現することが多くの関係者に望まれているように思われるのである。

索　引

【A～Z，数字】

2002年SOX法
　（サーベンス・オクスリー法）……16
COSOの内部統制フレームワーク　……19
COSOの内部統制フレームワーク
　の特徴…………………………………22
ERMフレームワーク………………23
FCPA会計条項　…………………………12
SEC登録会社の特例………………111
SOX法302条……………………………16
SOX法404条……………………………17

【あ　行】

アンケート調査…………………126
委員会設置会社……………………80
委員会設置会社の決議事項………68
委員会等設置会社…………………64

【か　行】

海外不正支払防止法（FCPA）……………11
会社法……………………1, 3, 56, 129, 140
会社法上の内部統制構築義務……………66
確認書……………………………85, 87
監査役……………………………58, 77
監査役（会）を補助する体制……………77
監査役（監査委員）………………60
監査役設置会社の決議事項………67
基本的計画及び方針の決定……148
基本的要素…………………………49
旧証券取引法………………………83
旧商法施行規則193条……………65
業務の適正を確保するために
　必要な体制………………………71
業務プロセスに係る内部統制の
　評価方法………………………101

金融商品取引法……………………1, 4, 58
金融商品取引法の内部統制………59
経営者への責任追及………………6
経営判断の原則……………………62
経済産業省の報告書のフレームワーク…27
刑事責任……………………………6, 118
決算・財務報告プロセス………165
決算監査の枠組みにおける内部統制
　システム…………………………37
懸念材料・苦慮している点………172
構成要素……………………………20, 24
コーポレート・ガバナンス………51
コーポレート・ガバナンスに関する
　報告書……………………………88
コーポレート・ガバナンスの状況……84

【さ　行】

財務報告に係る内部統制の評価及
　び監査の基準並びに財務報告に
　係る内部統制の評価及び監査に
　関する実施基準の設定について
　（意見書）………………………30
財務報告に係る内部統制の評価の
　基準………………………………95
実態調査……………………………9
信頼の原則…………………………62
全社的な内部統制………………160
全社的な内部統制の評価………98
その他の業務プロセス…………165

【た　行】

ターンバル・ガイダンス………33
対応コスト………………………169
代表取締役・代表執行役………57
ダイレクト・レポーティング…………112
大和銀行事件………………………61

大和銀行事件大阪地裁判決…………47
中小規模公開企業のためのガイダンス…26
適時開示に係る宣誓書…………86
統制環境…………………142
独立的評価………………167
特記事項…………………111
トップダウン型リスク・アプローチ……96
取締役・執行役…………57

【な　行】

内部会計管理制度模範基準…………43
内部監査部門………………135
内部統制……………………2
内部統制監査の試行………153
内部統制監査報告書の記載事項……114
内部統制システム……………48
内部統制システム：フレームワーク……35
内部統制システムの開示義務…………70
内部統制システムの決定義務…………69
内部統制統括部門……………137
内部統制の概念………………11
内部統制の構築プロセス………8
内部統制の整備状況の把握………151
内部統制の定義………………50
内部統制のフレームワーク………19
内部統制の有効性の判断…………102
内部統制報告書……………4, 49

内部統制報告書の記載事項…………107
内部統制報告書の提出者の範囲……92
内部統制報告書の提出方法…………111
内部統制報告書の様式………106
内部統制報告制度………………5
内部統制報告制度が導入された背景……90
内部統制報告制度に向けた準備状況…147

【は　行】

評価結果……………………109
評価の基準日…………………95
評価の対象……………………93
評価の範囲, 基準日及び評価手続………108
評価範囲………………………159
付記事項………………………110
不備の是正……………………104
プロジェクト・チーム…………153

【ま　行】

民事責任……………………6, 119
目的………………………20, 24

【ら　行】

量刑ガイドライン……………15
連結ベースでの評価…………96
連邦預金保険公社改革法
　（FDICIA）………………14

日本取締役協会

　上場企業の経営者が中心となって，学者，弁護士，会計士など専門家とともに，自分たちの会社が世界に負けない経営をすることによって，日本経済を豊かなものにしようと，コーポレート・ガバナンスを中心に経営全般について勉強する集まりです。

○会長：宮内義彦（オリックス会長）
○設立：2002年3月13日。2002年4月1日に，有限責任中間法人格を取得。
○委員会・研究会：企業倫理委員会，エマージングカンパニー委員会，イノベーション・マネジメント委員会，金融資本市場委員会，企業経営と会計委員会，ディスクロージャー委員会，中堅・ファミリー企業委員会，内部統制研究会※。
○その他の活動：モーニングフォーラム，セミナー，アンケート調査，コーポレート・ガバナンスに必要な制度改革などに関する提言・要望，研修（経営幹部研修，内部統制研修），会員報年間購読サービス。
○主な編著：「取締役の条件」(2002年)，「委員会等設置会社ガイドブック」(2004年)，「江戸に学ぶ企業倫理」(2006年)，「監査委員会ガイドブック」(2006年)。
○所在地・問い合せ先等
　協会ＨＰ……http://www.jacd.jp　e-mail：info@jacd.jp
　住　　所……〒105-6239　東京都港区愛宕2-5-1　愛宕森タワー39階
　電　　話……03-5425-2861

※　内部統制研究会

　内部統制についての実践的な研究会を開設。他社の事例研究を中心に，専門家も交えて，疑問や問題を年間10回程度の会合にて検討中。

編者との契約により検印省略

平成20年3月30日　初版第1刷発行　　　**内部統制の責任と現状**

編　　者	日本取締役協会
発行者	大　坪　嘉　春
印刷所	税経印刷株式会社
製本所	株式会社　三森製本所

発行所　東京都新宿区　　株式　　税務経理協会
　　　　下落合2丁目5番13号　会社
郵便番号　161-0033　振替 00190-2-187408　　電話(03)3953-3301(編集部)
　　　　　　　　　　FAX(03)3565-3391　　　　　 (03)3953-3325(営業部)
URL　http://www.zeikei.co.jp/
乱丁・落丁の場合はお取替えいたします。

Ⓒ　日本取締役協会　2008　　　　Printed in Japan

本書の内容の一部又は全部を無断で複写複製（コピー）することは，法
律で認められた場合を除き，著者及び出版社の権利侵害となりますので，
コピーの必要がある場合は，予め当社あて許諾を求めて下さい。

ISBN978-4-419-05066-5　C2034